かわいい！使える！ 小学校
イラスト&テンプレート CD-ROM

教師生活向上プロジェクト 編

東洋館出版社

もくじ Contents

① 学校生活・学校行事

1	入学式	10
2	朝の会・帰りの会・朝礼	12
3	日直	14
4	時間割	16
5	係活動・委員会活動・清掃	18
6	授業参観・家庭訪問・交流学習	20
7	修学旅行・通知表・夏休み	22
8	水遊び・水泳	24
9	運動会・学芸会	26
10	音楽会・展覧会	28
11	賞状	30
12	給食・誕生日会	32
13	手洗い・うがい・歯磨き	34
14	防災・安全	36
15	6年生を送る会・卒業式	38

② 教科の学習

1	国語	42
2	社会	44
3	算数	46
4	理科	48
5	生活	50
6	音楽	52
7	図画工作	54
8	家庭	56
9	体育Ⅰ[イラスト]	58
10	体育Ⅱ[学習カード]	60
11	道徳	62
12	外国語活動	64
13	総合的な学習の時間	66
14	特別活動	68

3 イラストカット・テンプレート

1	低学年の子ども	72
2	中学年の子ども	74
3	高学年の子ども	76
4	先生	78
5	季節	80
6	動物・植物	82
7	果物・乗り物	84
8	連絡網・欠席連絡カード	86
9	トーナメント表・総当り対戦表	88
10	めあてカード	90
11	時間割	92
12	賞状	94
13	お便りカード	96
14	飾り文字	98
15	飾り枠・吹き出し	100

4 学校施設、教材・教具

1	学校・教室設備Ⅰ	104
2	学校・教室設備Ⅱ	106
3	子どもの持ち物	108
4	算数・家庭科教材	110
5	社会科教材・公共施設	112
6	理科教材	114
7	楽器・音楽教材	116
8	運動施設・体育教材	118

「本書活用のポイント」
次頁へGO!

本書活用のポイント

本書は、「時間割」「賞状」などの学級づくりに役立つテンプレートや、学校生活や各教科等の授業に使えるイラストが満載です。そのままコピーしたり、付属のCD-ROMを活用して、学校生活を楽しいものにしてください。

本書の見方

章タイトル・項目名

章の名前と、その項目名を記載しています。本書は、使用する状況に合わせて、4つの章で構成しています。付属のCD-ROM内のフォルダも「各章→項目」の順番で収録しています。

ファイル番号

付属のCD-ROMに収録されているイラスト、テンプレートデータのファイル番号です。ファイル形式はPNGデータ（.png形式）、Wordデータ（.doc形式）の2種類があります。

■ **各章の構成と解説** ［4C:カラー／1C:モノクロ］

1 学校生活・学校行事……………………… 学校生活、行事ごとにイラストなどを掲載。［4C・1C］
2 教科の学習………………………………… 授業で使うイラスト、ワークシートなどを掲載。［1C］
3 イラストカット・テンプレート…………… いろいろなイラストや賞状などを多数掲載。［4C・1C］
4 学校施設、教材・教具…………………… 学校施設や、各教科等の教材のイラストを掲載。［1C］

▶ 日直名札カード

カラーについて

付属のCD-ROMに収録されているデータにはカラー版［4C］と、モノクロ版［1C］があります。2章と4章はモノクロ版［1C］のみのイラスト・テンプレートになります。

推奨サイズ

テンプレートデータにつきましては、ポスターはA3判、賞状はB5判というように、使い方に合わせて推奨サイズを示しています。印刷の際にサイズを調整することも可能ですので、お好みのサイズでお使いください。「W」は、Wordデータが収録されていることを示しています。

●CD-ROMを使用するに当たって

本書付属のCD-ROMには、様々な場面に役立つテンプレートや各種配付物、授業に使えるイラストカットが満載です。ここでは、「収録データの解説」「使用上の注意点」「CD-ROMの構成」について解説していきます。CD-ROMを使用する前に、必ずお読みください。

収録データの解説

CD-ROMに収録されているデータはPNG形式、Word形式の2種類です。イラストカットや「賞状」「学習カード」などのテンプレート、「ポスター」などの掲示物はカラー、モノクロともにPNG形式です。「時間割」「座席表」「連絡網」など、先生がデータ上で使用するものはWord形式で作成しています。

PNG　「PNG」とは、背景が透明な状態で保存されているファイル形式です。ワードやエクセル、様々な画像処理ソフトで読み込むことが可能です。そのまま貼り付けるだけでなく、画像を切り抜いて使用したり、文字と組み合わせたりして使用するのに便利です。カラーモードはRGBになります。

Word　「Word」とは、Microsoft社のワープロソフトです。各種文書の作成やはがきなどの宛名作成、案内状やはがきの作成などを行うことができます。また、イラストや図表などを配置することもできます。本書では主に「時間割」や「連絡網」などに使用しています。

使用上の注意点　Windows対応
○推奨OS　　：Windows XP以降
○収録データ：Microsoft Office 2003以上推奨

❶必要動作環境
CD-ROMを読み込むことができるパソコンでお使いいただけます。OSのバージョンは問いませんが(推奨OS上記)、処理速度の遅いパソコンでは開くのに時間がかかることがありますので注意してください。

❷取り扱い上の注意
○ディスクを持つときは、再生盤面に触れないようにし、キズや汚れなどをつけないようにしてください。
○使用後は、直射日光が当たる場所など、高温・多湿になる場所を避けて保管してください。

❸イラストデータについて
CD-ROMに収録されている「イラスト」のデータはすべてPNG形式です。解像度は300dpi〜400dpiです。イラストを拡大して使用する場合に、イラストのまわりの線にゆがみやギザギザが出る場合がございます。あらかじめ、ご了承ください。

❹その他の注意事項
○付属CD-ROMを紛失・破損した際のサポートは行っておりません。
○付属CD-ROMに収録した画像等を使用することで起きたいかなる損害及び被害につきましても著者及び(株)東洋館出版社は一切の責任を負いません。

※使用許諾範囲について
本書は著作権上の保護を受けています。本書の一部あるいは全部について、(株)東洋館出版社及び著作権者の許諾を得ずに無断で複写・複製することは禁じられています。ただし、購入者が本書のイラスト等をプリントなどに使用する場合は、この限りではありません。ご使用の際、クレジットの表記や個別の使用許諾申請も必要ありません。著作権料を別途お支払いする必要もありません。ただし、以下の行為は著作権を侵害するものであり、固く禁止されていますので、ご注意ください。「素材データの販売・複製」「素材データによる商品の製作・販売」「Web上における再配布行為」「素材データの商標登録」「営利目的での使用」。

CD-ROMの構成

本書付属のCD-ROMに収録されているデータは以下のようなフォルダの構成になっています。

使用するデータをCDから見つける

ここでは、実際に使用するイラストやテンプレートの見つけ方を簡単に解説します。例として、「3章 イラストカット・テンプレート―1 低学年の子ども」の「男の子［挙手］」のカラーバージョン「p073_04_4c.png」のイラストを見つけてみましょう。

p073_04

❶ CD-ROMを入れる

お使いのパソコンに付属のCD-ROMを入れてください。CD-ROMが起動したら、右図のような画面が出てきます。「フォルダーを開いてファイルを表示」をクリックしてください。

※すでにCD-ROMが入っている状態で探す場合は「スタート」→「マイコンピュータ」→「リムーバブル記憶域があるデバイス」で探すことができます。

❷ 「3（章）」→「01（低学年の子ども）」のフォルダを開く

以上のように作業を進めていくと、各章ごとのフォルダの画面が出てきます。今回は使用するイラストが「3章」なので「3」のフォルダをダブルクリックします。

次に3章の中の項目ごとのフォルダの画面が出てきます。使用するイラストは「低学年の子ども」なので、同様に「01」のフォルダをダブルクリックします。

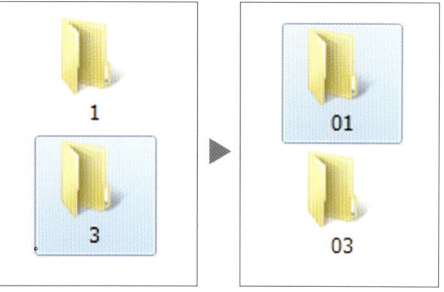

❸ カラーバージョンを選ぶ

次に「color」と表示されたカラーバージョンのフォルダと「mono」と表示されたモノクロバージョンのフォルダが表示されます。今回、使用するイラストはカラーですので、「color」のフォルダをダブルクリックしましょう。

❹ その他の注意事項

「color」のフォルダを開くと本書のp072～p073のイラストデータが出てきます。使用するイラストは「p073_04_4c.png」と表示されていますので、そのデータをフォルダから探し出しましょう。以上がイラストデータを探す一連の流れになります。

p073_04_4c.png

1

学校生活・学校行事

1 入学式

1 学校生活・学校行事

▶ 入学式

p010_01

p010_02

p010_03

▶「入学お祝い」飾り文字

p010_04

p010_05

p010_06

▶ 自己紹介カード

推奨サイズ：B5　p010_07

▶ 座席表

1 学校生活・学校行事

2 朝の会・帰りの会・朝礼

▶ 朝の会・帰りの会

p012_01

p012_02

p012_03

▶ 朝礼

p012_04

p012_05

p012_06

▶ 朝読書

p012_07

p012_08

▶ 朝のランニング

p012_09

▶ 朝の会ポスター

推奨サイズ：A3　p013_01

▶ 帰りの会ポスター

推奨サイズ：A3　p013_02

1 学校生活・学校行事

3 日直

▶ 日直の仕事

p014_01

p014_02

p014_03

▶「日直」飾り文字

p014_04

p014_05

p014_06

▶ 日直の仕事ポスター

推奨サイズ：A3　p014_07

▶ 日直名札カード

推奨サイズ：B5　p015_01

1 学校生活・学校行事

4 時間割

※時間割のテンプレートは p092、093 にもあります。ワードデータを使用すれば、「科目アイコン」を配置することもできます。

▶ 時間割

推奨サイズ：A4　p016_01

▶ 科目アイコン

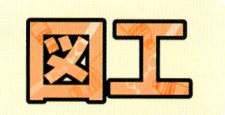

こくご p017_01	国語 p017_02	社会 p017_03	社会 p017_04
さんすう p017_05	算数 p017_06	理科 p017_07	理科 p017_08
せいかつ p017_09	生活 p017_10	おんがく p017_11	音楽 p017_12
ずこう p017_13	図工 p017_14	家庭 p017_15	家庭 p017_16
たいいく p017_17	体育 p017_18	保健 p017_19	保健 p017_20
どうとく p017_21	道徳 p017_22	外国語 p017_23	英語 p017_24
そうごう p017_25	総合 p017_26	がっかつ p017_27	学活 p017_28

1 学校生活・学校行事

5 係活動・委員会活動・清掃

▶ プリント配布係

p018_01

▶ 掲示係

p018_02

▶ 生き物係

p018_03

▶ 生活委員会

p018_04

▶ 飼育委員会

p018_05

▶ 図書委員会

p018_06

▶ 教室清掃

p018_07

▶ 廊下清掃

p018_08

▶ 清掃活動

p018_09

▶ 係活動カード

▶ 委員会紹介カード

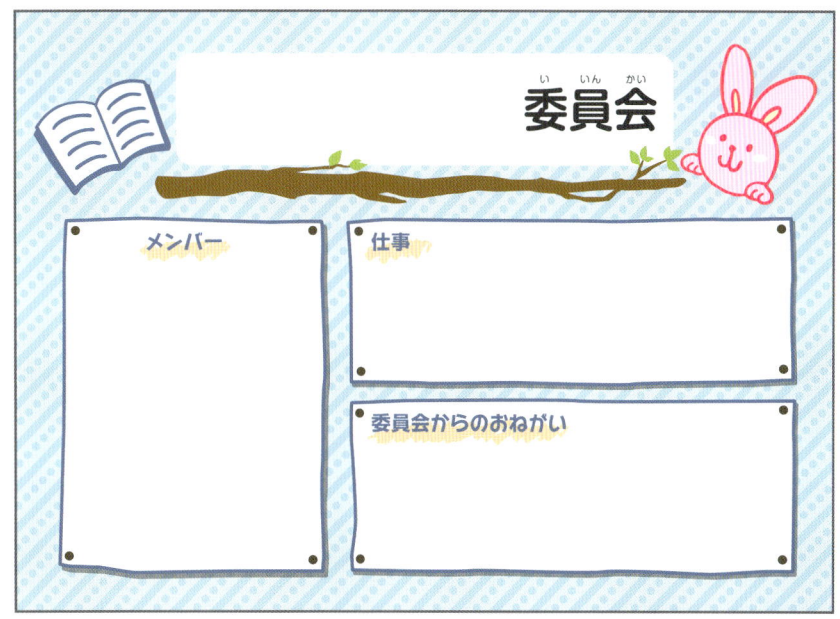

 学校生活・学校行事

6 授業参観・家庭訪問・交流学習

▶ 授業参観

p020_01

p020_02

p020_03

▶ 家庭訪問

p020_04

p020_05

p020_06

▶ 交流学習

p020_07

p020_08

p020_09

▶ 家庭訪問のお知らせ

保護者の皆様へ

平成　　年　　月　　日
　　　　　　　　小学校
校長
担任

家庭訪問のお知らせ

　保護者の皆様におかれましては、ますますご健勝のこととお喜び申し上げます。さて、家庭訪問を下記の日程で行います。ご多用の時期かと思いますが、ご協力よろしくお願いいたします。

■家庭訪問の進行予定表

時刻	月　日（　）	月　日（　）	月　日（　）	月　日（　）	月　日（　）	月　日（　）
：						
：						
：						
：						
：						
：						
：						
：						

■面談内容：生活面や学習面でお話しされたいことを、下記にご記入ください。

　生活に関すること

　学習に関すること

※当日は面談時間に差異が生じる可能性がございます。もし、遅れが生じることがありましたらご連絡させていただきます。

推奨サイズ：A4　　p021_01

1 学校生活・学校行事

7 修学旅行・通知表・夏休み

▶ 修学旅行

p022_01

p022_02

p022_03

▶ 林間学校

p022_04

p022_05

p022_06

▶ 遠足

p022_07

p022_08

p022_09

▶ 通知表

p023_01

p023_02

p023_03

▶ 夏休み

p023_04

p023_05

p023_06

▶ ラジオ体操

p023_07

p023_08

▶ 夏休みの宿題

p023_09

8 水遊び・水泳

▶ 準備運動・シャワー

p024_01

p024_02

p024_03

▶ 水遊び

p024_04

p024_05

p024_06

▶ 水泳

p024_07

p024_08

p024_09

▶ 水遊びがんばり賞（低学年）

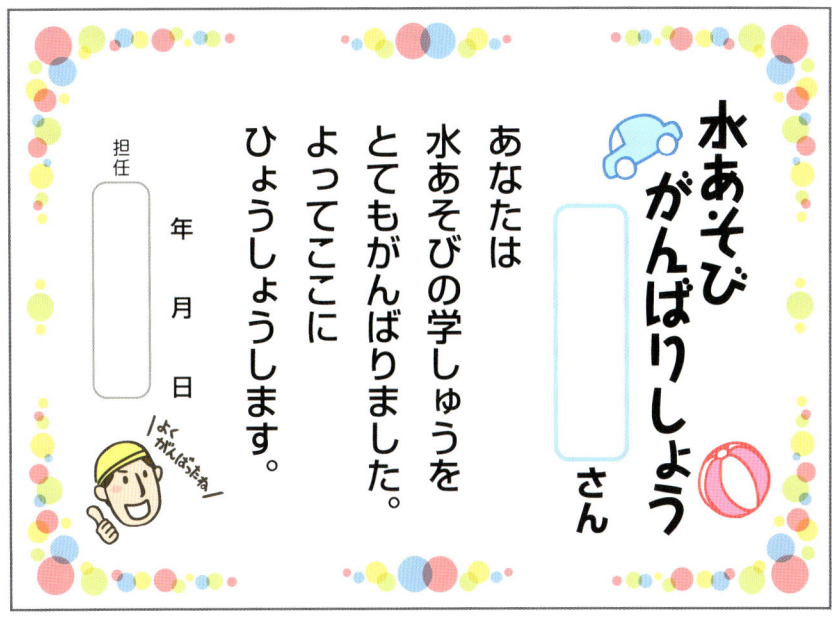

推奨サイズ：B5　p025_01

▶ 水泳学習認定証（中・高学年）

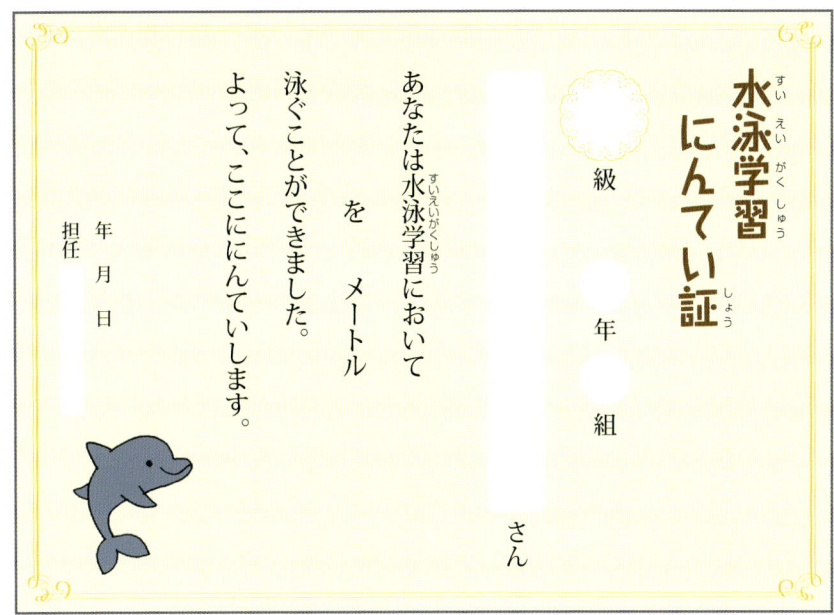

推奨サイズ：B5　p025_02

1 学校生活・学校行事

9 運動会・学芸会

▶ 運動会①

p026_01

p026_02

p026_03

▶ 運動会②

p026_04

p026_05

p026_06

▶ 学芸会

p026_07

p026_08

p026_09

▶ 運動会招待状

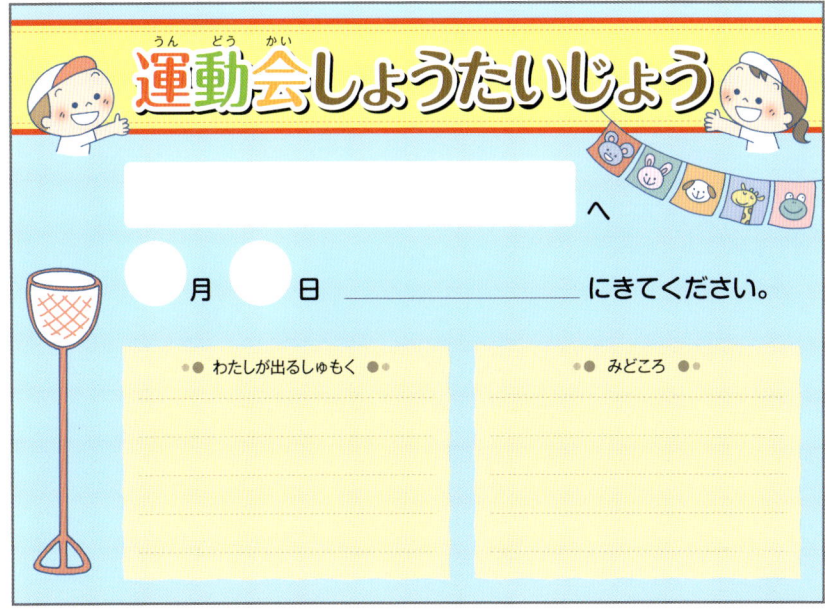

推奨サイズ：B5　p027_01

▶ 学芸会招待状

推奨サイズ：B5　p027_02

1 学校生活・学校行事

10 音楽会・展覧会

▶ 音楽会

▶ 展覧会

▶ 作品カード

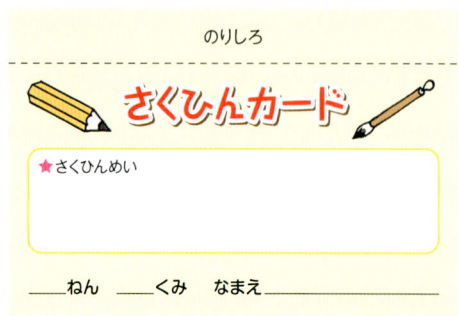

▶ 音楽会招待状

▶ 展覧会招待状

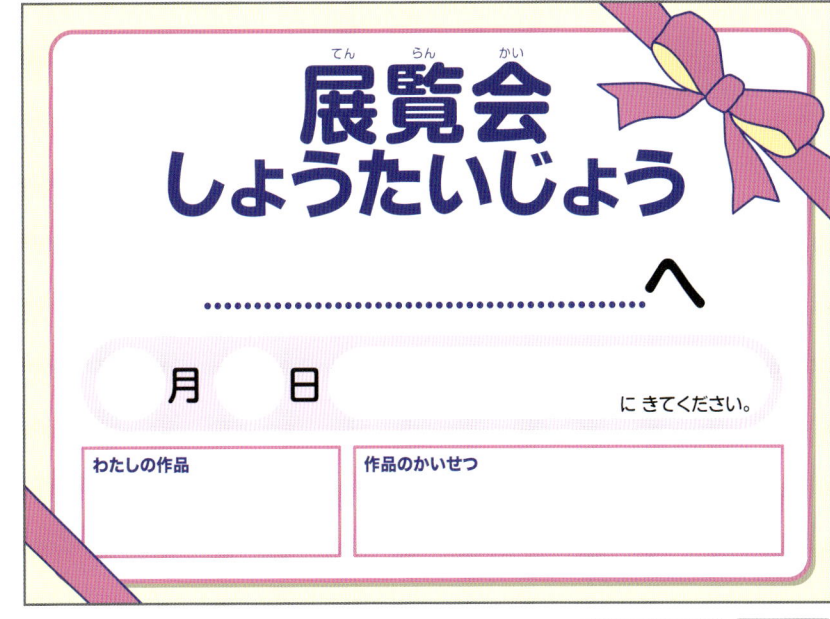

1 学校生活・学校行事

11 賞状

▶ 表彰状

※賞状のテンプレートは p094、095 にもあります。

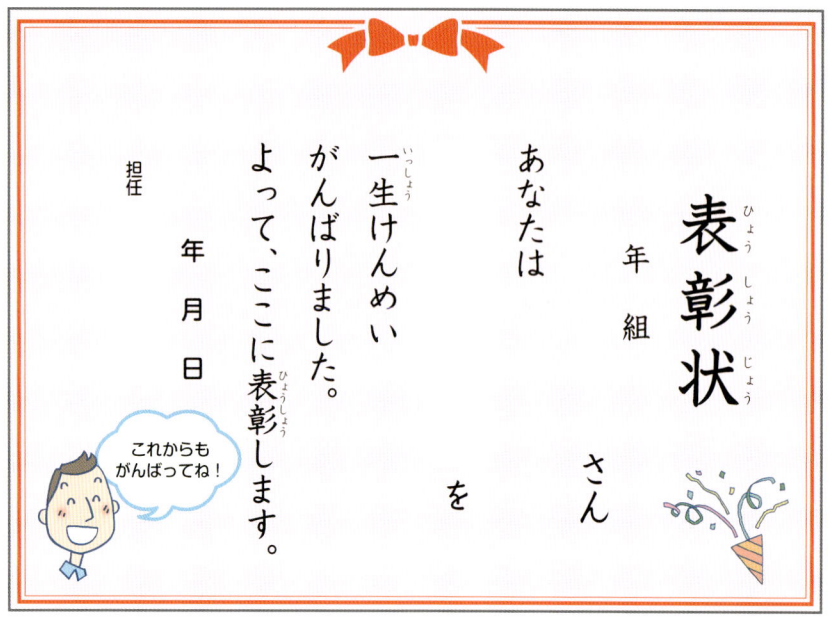

推奨サイズ：B5　p030_01

▶ 認定証

推奨サイズ：B5　p030_02

▶ 感謝状（低学年）

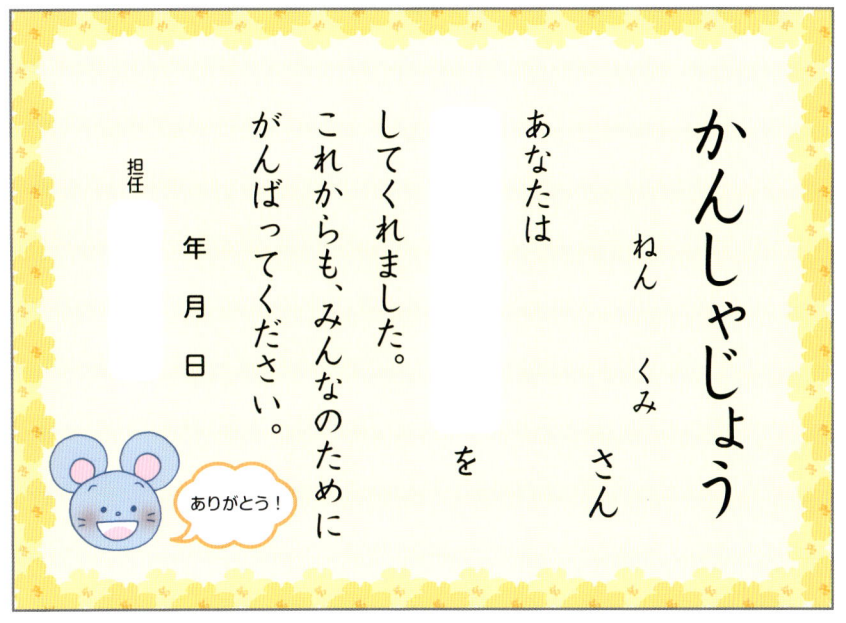

▶ 感謝状（中～高学年）

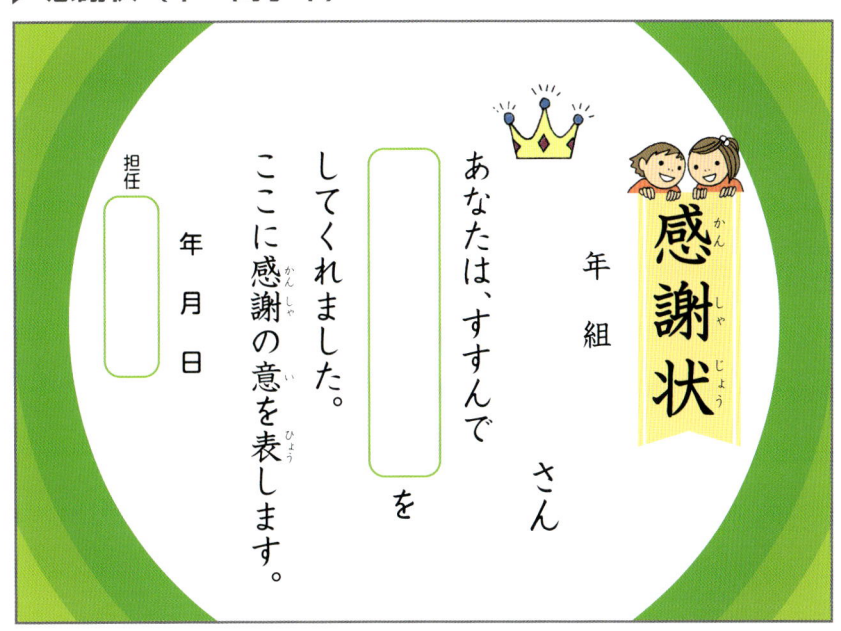

1 学校生活・学校行事

12 給食・誕生日会

▶ 給食の準備

p032_01

p032_02

p032_03

▶ 給食

p032_04

p032_05

p032_06

▶ 誕生日会

p032_07

p032_08

p032_09

▶ 給食ポスター

推奨サイズ：A3　p033_01

▶ 誕生日カード

推奨サイズ：B5　p033_02

1 学校生活・学校行事

13 手洗い・うがい・歯磨き

▶ 手洗い

p034_01

p034_02

p034_03

▶ うがい

p034_04

p034_05

p034_06

▶ 歯磨き

p034_07

p034_08

p034_09

▶ 手洗い・うがいポスター

推奨サイズ：A3　p035_01

1 学校生活・学校行事

14 防災・安全

▶ 防災訓練

p036_01

p036_02

p036_03

▶ 避難訓練

p036_04

p036_05

p036_06

▶ 交通安全教室

p036_07

p036_08

p036_09

▶ 避難訓練ポスター

推奨サイズ：A3　p037_01

▶ 交通安全ポスター

推奨サイズ：A3　p037_02

1 学校生活・学校行事

15 6年生を送る会・卒業式

▶ 6年生を送る会

p038_01  p038_02  p038_03

▶ 卒業式

p038_04  p038_05  p038_06

▶ 卒業証書・アルバム

p038_07 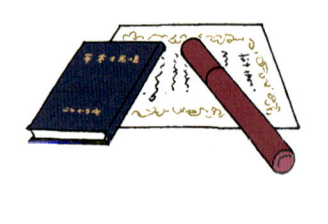 p038_08  p038_09

▶ 1年を振り返ろうカード

この1年をふりかえろう
年　組　名前
この1年でできたこと
○年生でやりたいこと
はんせいするところ
先生から

推奨サイズ：B5　p039_01

▶ 6年生へのメッセージカード

6年生のみなさん
ありがとうございました

さんへ

メッセージ

年　組　名前

推奨サイズ：B5　p039_02

背景が切り抜かれている
イラストデータの活用方法

One Point Advice ❶

本書付属のCD-ROMには多くのイラストデータが収録されていますが、そのほとんどは背景が切り抜かれています。ここでは、背景が切り抜かれているイラストデータをどのように活用していくかについて解説していきます。

🔢 なぜ、背景が切り抜かれているのか

本書のイラストデータは、そのほとんどの背景が切り抜かれています。その理由は、様々なデータを組み合わせて使用することを想定しているからです。例えば、イラスト同士を組み合わせたり、写真にイラストを組み合わせたりするときに背景が切り抜かれたイラストを使用すると、美しく配置することができるのです。次に、「背景が切り抜かれたイラスト」の具体的な活用例を解説していきますので、参考にしてください。

背景が切り抜かれていない

背景が切り抜かれている

🔢 イラスト同士を組み合わせる

イラスト同士を組み合わせるポイントは、「モノ」と「ヒト」というように、違う属性を組み合わせることです。右の例では、校門という「モノ」と入学式の女の子という「ヒト」を組み合わせています。この例を参考にいろいろなイラストを組み合わせて、自分だけのオリジナルイラストをつくってみましょう。

イラストを組み合わせる

🔢 テンプレートにイラストを配置する

イラストと同様に、テンプレートとイラストを組み合わせることもできます。例えば、p049の実験カードに、p114・115の理科教材のイラストを配置するなどが考えられます。また、自作のワークシートなどにも配置してみると、一歩進んだ教材に変身することでしょう。

テンプレートと組み合わせる

🔢 写真にイラストを配置する

最後に、自分が撮影した写真にもイラストを配置してみましょう。ポスターのような掲示物を簡単につくることができます。写真の場合も「モノ」と「ヒト」を意識するとよいでしょう。

写真と組み合わせる

2
教科の学習

2 教科の学習

1 国語

▶ 漢字書き取り [低学年]

▶ 漢字書き取り [中学年]

▶ 漢字書き取り [高学年]

▶ 読書感想文

▶ 音読学習 [低学年]

▶ 音読学習 [高学年]

▶ 読み聞かせ

▶ 話し合い

▶ インタビュー

▶ 読書カード

__年 __組 名前_____

かんそうを書こう!

読んだ本

かんそう

推奨サイズ：B5 p043_01

▶ 読書がんばり賞

読書がんばり賞

さん

あなたはたくさんの本を読むことをとてもがんばりました。

担任

年 月 日
年 組

おめでとう!!

推奨サイズ：B5 p043_02

2 教科の学習

2 社会

▶ 農家の人に聞き取り 
p044_01

▶ 工場で聞き取り 
p044_02

▶ お年寄りに聞き取り 
p044_03

▶ 日本地図と子ども 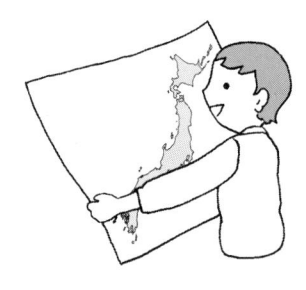
p044_04

▶ 世界地図と子ども 
p044_05

▶ 地球儀と子ども 
p044_06

▶ 歴史学習 
p044_07

▶ 歴史新聞づくり 
p044_08

▶ 投票の様子 
p044_09

▶ 47都道府県パーフェクト賞

47都道府県パーフェクト賞

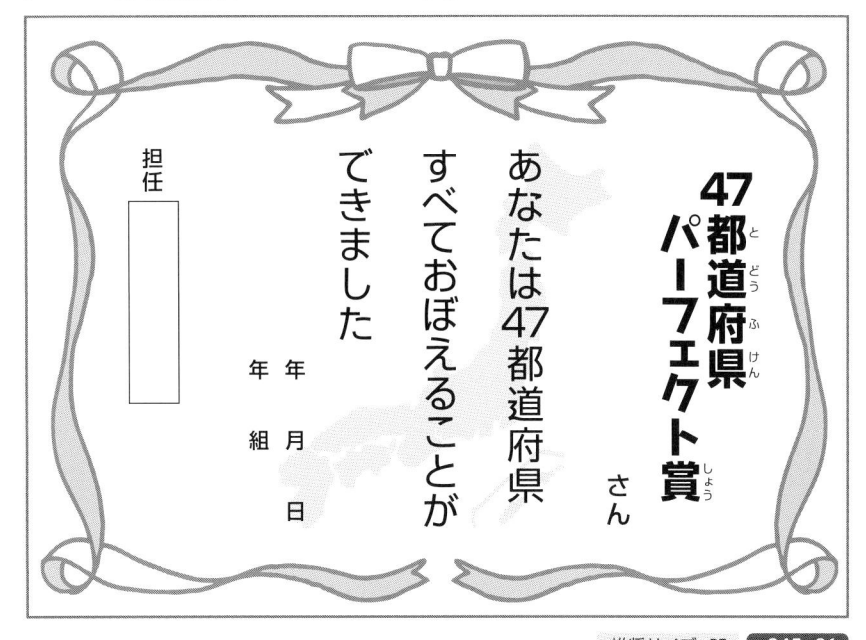

さん

あなたは47都道府県すべておぼえることができました

担任

年 月 日
年 組

推奨サイズ：B5　p045_01

▶ 歴史新聞カード

●取材をもとに記事を書こう！

名前

歴史新聞

大見出し

小見出し

小見出し

推奨サイズ：B5　p045_02

2 教科の学習

3 算数

▶ たし算

▶ ひき算

▶ かけ算

▶ わり算

▶ 図形の作図

▶ 立方体の作図

▶ グラフ

▶ 円

▶ 縮図・拡大図

▶ 計算学習表彰状（低学年）

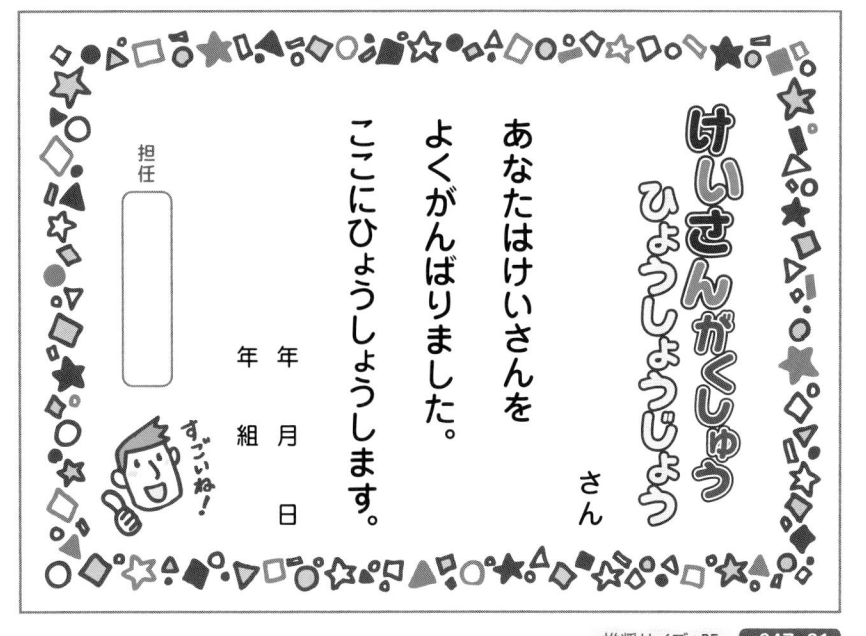

けいさんがくしゅう ひょうしょうじょう

〇〇 さん

あなたはけいさんを
よくがんばりました。
ここにひょうしょうします。

年 月 日
年 組
担任

推奨サイズ：B5　p047_01

▶ 九九カード（低学年）

九九カード

___年___組
名前_____

「九九にチャレンジだ！」

×	1	2	3	4	5	6	7	8	9
1									
2									
3									
4									
5									
6									
7									
8									
9									

推奨サイズ：B5　p047_02

2 教科の学習

4 理科

▶ 植物の観察

▶ 昆虫の観察

▶ 太陽の観察

p048_01

p048_02

p048_03

▶ 星の観察

▶ 川の様子の観察

▶ 人体模型の観察

p048_04

p048_05

p048_06

▶ 水の加熱実験

▶ 流水体積実験

▶ 手回し発電実験

p048_07

p048_08

p048_09

▶ 観察カード

かんさつカード

___年___組　名前_____

学習問題 ▶

ようすをかこう

何をかんさつした？

どこで かんさつした？

発見したこと

ふしぎに思ったこと？

推奨サイズ：B5　p049_01

▶ 実験カード

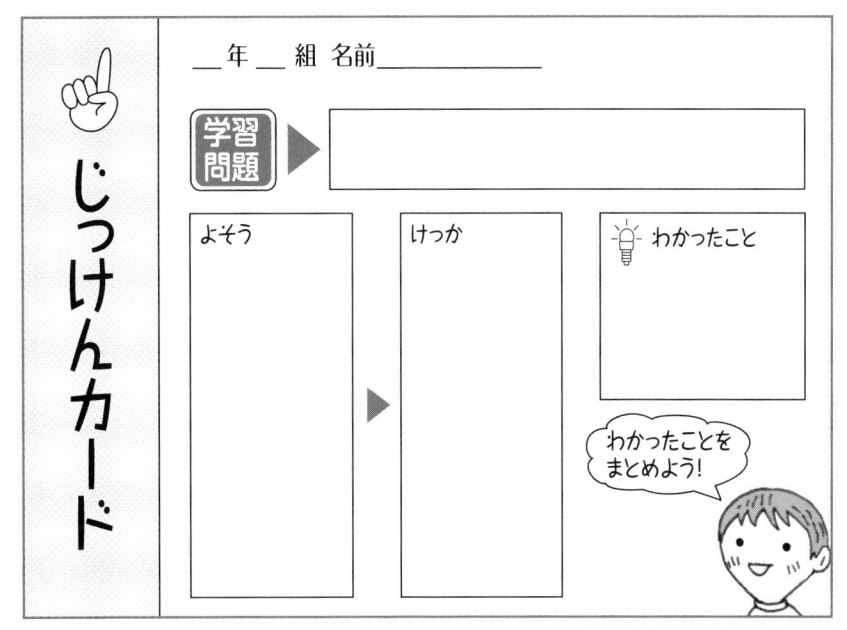

じっけんカード

___年___組　名前_____

学習問題 ▶

よそう

けっか

▶

わかったこと

わかったことを
まとめよう！

推奨サイズ：B5　p049_02

2 教科の学習

5 生活

▶ 学校探索

▶ 公園で遊ぼう

▶ 動物と仲良し

▶ わたしのアサガオ

▶ 野菜を育てよう

▶ 町を探索

▶ 図書館に出かけよう

▶ 秋と遊ぼう

▶ 冬と遊ぼう

▶ まちたんけんカード

___ねん ___くみ なまえ _____

✏ まちのなかで ともだちに つたえたいことをかこう!

えをかこう!

✏ まちたんけんして きづいたことをかこう!

えをかこう!

推奨サイズ：A4　p051_01

2 教科の学習

6 音楽

▶ 歌唱①

▶ 歌唱②

▶ 鑑賞

▶ リコーダー

▶ 鍵盤ハーモニカ

▶ カスタネット

▶ タンブリン

▶ 和太鼓

▶ 箏

▶ 鑑賞カード

鑑賞カード
かんしょう

年　組　名前

曲をきいてきづいたことを書いてみよう！

この曲をきいてよかったところを書いてみよう

今日の学習のふりかえり
がくしゅう

推奨サイズ：B5　p053_01

2 教科の学習

7 図画工作

▶描く（クレヨン）　　▶描く（絵の具）　　▶描く（絵の具）

p054_01　　p054_02　　p054_03

▶工作（ダンボール）　　▶工作（木材）　　▶工作（粘土）

p054_04　　p054_05　　p054_06

▶鑑賞（話し合い）　　▶鑑賞（博物館）　　▶鑑賞（博物館）

p054_07　　p054_08　　p054_09

▶ 作品紹介カード [低学年]

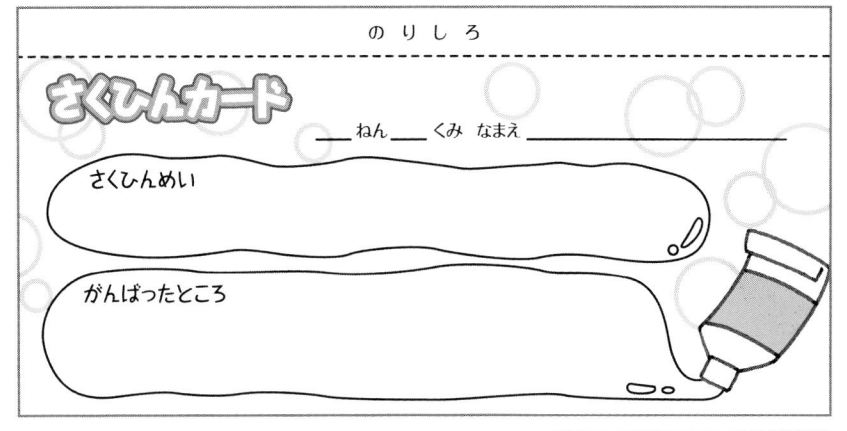

のりしろ

さくひんカード　　ねん　　くみ　なまえ

さくひんめい

がんばったところ

推奨サイズ：B5変形　p055_01

▶ 作品紹介カード [中・高学年]

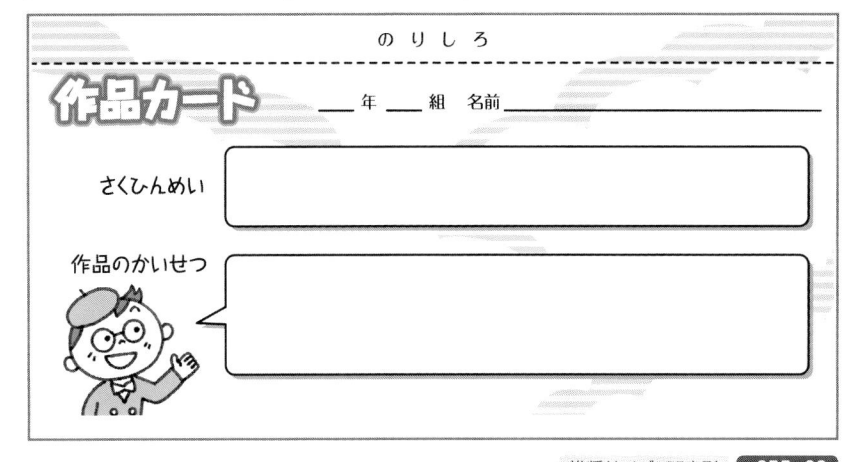

のりしろ

作品カード　　　年　　組　名前

さくひんめい

作品のかいせつ

推奨サイズ：B5変形　p055_02

2 教科の学習

8 家庭

▶ 調理（米飯と味噌汁）　▶ 調理（野菜サラダ）　▶ 調理（片付け）

▶ 裁縫（手縫い）　▶ 裁縫（ミシン縫い）　▶ ゴミの分別

▶ 布洗い実験　▶ 買い物　▶ 家庭生活（お手伝い）

▶ 調理チャレンジカード

料理にチャレンジしよう！
＿年＿組 名前＿＿＿＿＿＿
料理名
材料　分量（1人分）
工夫したこと
楽しくつくろう！

推奨サイズ：B5　p057_01

▶ 家族の仕事・お手伝いカード

家族の仕事のお手伝いをしよう！
＿年＿組 名前＿＿＿＿＿＿
わたしの仕事
家族の手助けをしよう！

日付	ふり返ろう	ほかにやった仕事
月 日		
月 日		
月 日		
月 日		
月 日		
月 日		
月 日		

◎ よくできた　○ 言われてできた　△ 残念だったこと

自分の感想

家の人の感想

推奨サイズ：B5　p057_02

2 教科の学習

9 体育Ⅰ［イラスト］

▶ 体つくり運動

p058_01 p058_02  p058_03

▶ 器械運動系

p058_04  p058_05  p058_06

▶ 陸上運動系

p058_07  p058_08  p058_09

▶ 水泳系

p059_01 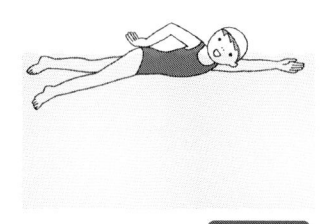　　p059_02 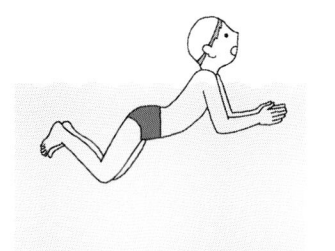　　p059_03

▶ ボール運動系

p059_04 　　p059_05　　p059_06

▶ 表現運動系　　▶ 教師（男性）　　▶ 教師（女性）

p059_07　　p059_08　　p059_09

2 教科の学習

10 体育Ⅱ［学習カード］

▶ 体育　がんばったカード（低学年～高学年）

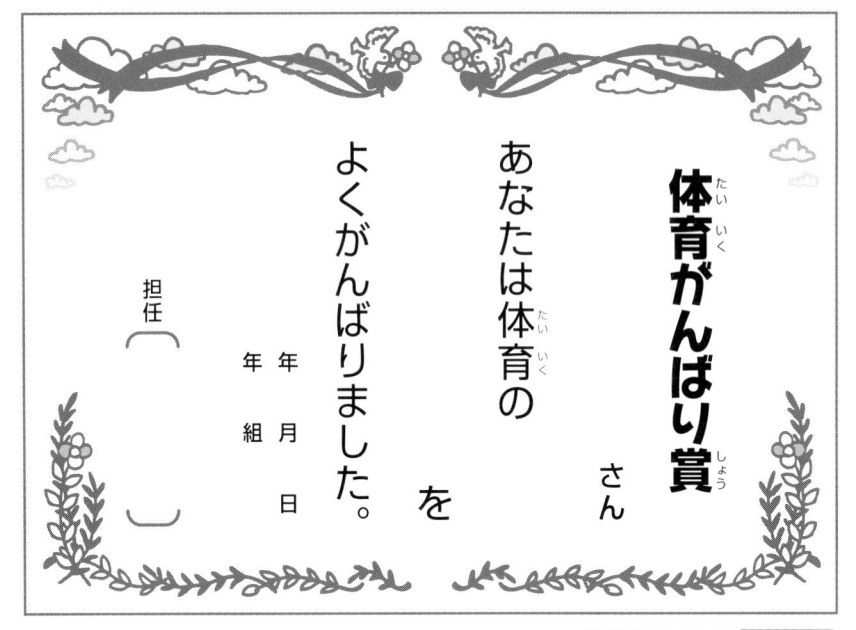

体育がんばり賞

○○○ さん

あなたは体育の
　　　　　を
よくがんばりました。

年　月　日
年　組
担任 〔　　　〕

推奨サイズ：B5　p060_01

▶ ボール運動カード（低学年～中学年）

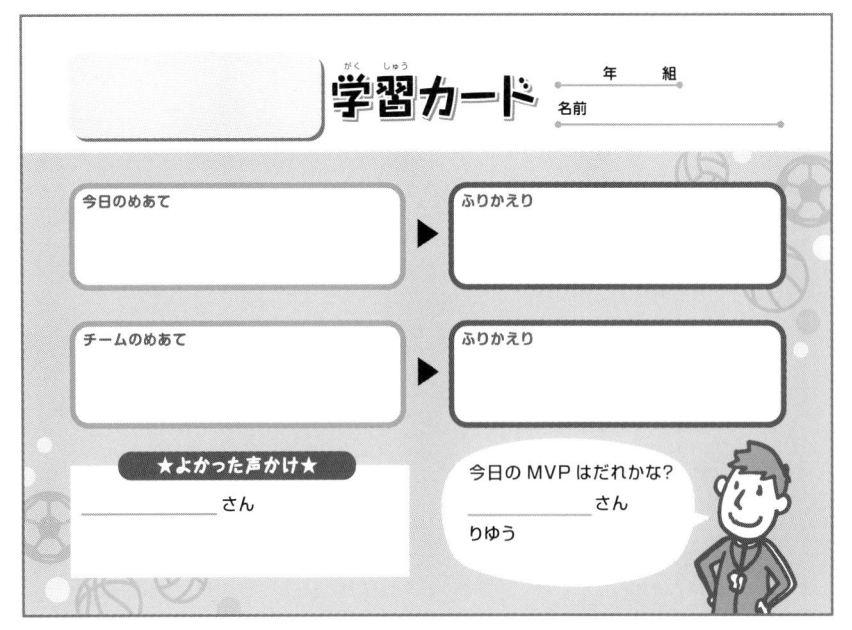

学習カード

年　組
名前

今日のめあて　▶　ふりかえり

チームのめあて　▶　ふりかえり

★よかった声かけ★
＿＿＿さん

今日の MVP はだれかな?
＿＿＿さん
りゅう

推奨サイズ：B5　p060_02

▶ バスケットボール作戦カード（高学年）

推奨サイズ：B5　p061_01

▶ マット運動カード（中学年）

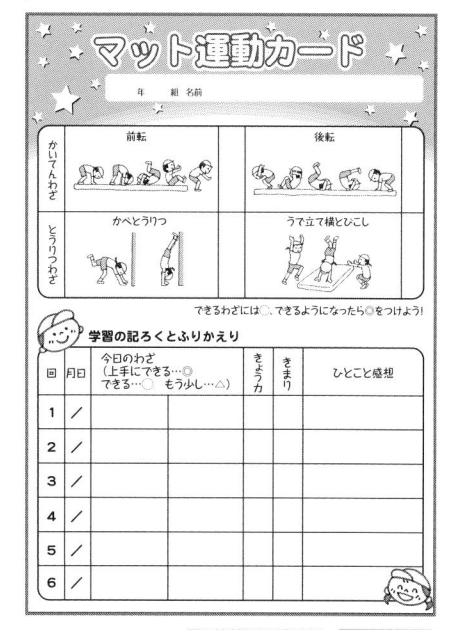

推奨サイズ：B5　p061_02

▶ 幅跳びカード（中〜高学年）

推奨サイズ：B5　p061_03

▶ かけっこあそびカード（低学年）

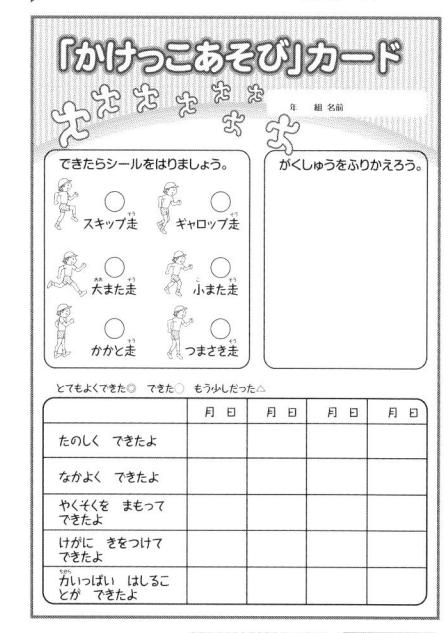

推奨サイズ：B5　p061_04

2 教科の学習

11 道徳

▶ 低学年

p062_01

p062_02

p062_03

▶ 中学年

p062_04

p062_05

p062_06

▶ 高学年

p062_07

p062_08

p062_09

▶ はしのうえのおおかみ	▶ ひつじかいの子ども	▶ ひろったビスケット
p063_01	p063_02	p063_03
▶ ないた赤おに	▶ かめのおうだん	▶ フィンガーボール
p063_04	p063_05	p063_06
▶ いのちのうた	▶ たまご焼き	▶ 最後の一葉
p063_07	p063_08	p063_09

2 教科の学習

2 教科の学習

12 外国語活動

▶ ジェスチャー①　　▶ ジェスチャー②　　▶ ジェスチャー③

▶ 数で遊ぼう　　▶ 先生に聞こう　　▶ 外国の人に聞こう

▶ カード学習　　▶ 数

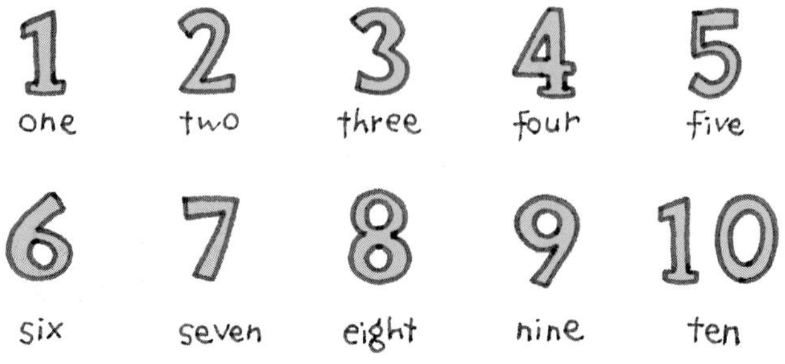

1 one　2 two　3 three　4 four　5 five
6 six　7 seven　8 eight　9 nine　10 ten

▶ あいさつカード [黒板掲示用]　推奨サイズ：A4

Good morning.	Good afternoon.
p065_01	p065_02
Good evening.	Good night.
p065_03	p065_04
Good bye.	See you again.
p065_05	p065_06
Thank you.	Nice to meet you.
p065_07	p065_08

▶ 誕生日カード

Happy Birthday to You!!

To

message

From

推奨サイズ：B5　p065_09

2 教科の学習

13 総合的な学習の時間

▶ 地域学習

p066_01 　　p066_02 　　p066_03

▶ 自然環境学習

p066_04 　　p066_05 　　p066_06

▶ 発表会

p066_07 　　p066_08 　　p066_09

▶ はっけんカード（中学年）

はっけんカード

地域の人に聞きたいことや、はっけんしたことをまとめよう！

＿＿年＿＿組　名前＿＿＿＿＿＿＿＿＿＿

聞きたいこと

学習したこと

発見したこと

推奨サイズ：B5　p067_01

▶ 発見カード（高学年）

発見カード

＿＿＿＿＿＿＿＿＿の学習で、発見したことをまとめよう！

＿＿年＿＿組　名前＿＿＿＿＿＿＿＿＿＿

発見したこと

学習したことをまとめよう！

推奨サイズ：B5　p067_02

2 教科の学習

14 特別活動

▶ 学級活動

p068_01 　p068_02 　p068_03

▶ 児童会活動

p068_04 　p068_05 　p068_06

▶ クラブ活動

p068_07 　p068_08 　p068_09

▶ 学校をもっとよくしようカード（中学年～高学年）

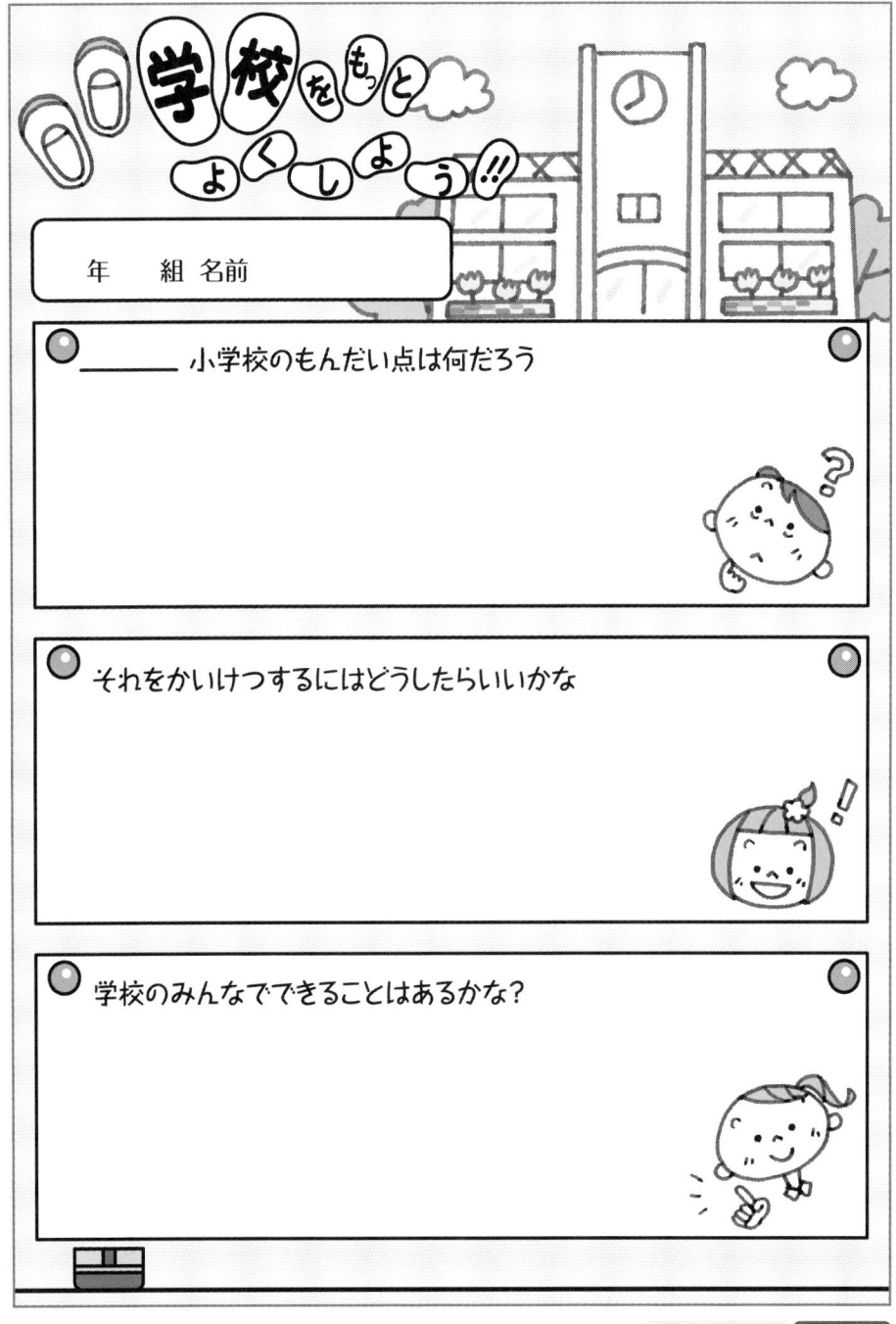

学校をもっとよくしよう!!

年　組 名前

○ ＿＿＿＿＿ 小学校のもんだい点は何だろう

○ それをかいけつするにはどうしたらいいかな

○ 学校のみんなでできることはあるかな？

推奨サイズ：B5　p069_01

One Point Advice ❷

ワードデータを使って時間割をつくる

ここでは、ワードデータを使った「時間割」の作成方法を簡単に解説します。例として、「3章 イラストカット・テンプレート―11 時間割」のモノクロバージョン「p092_03_word_1c.doc」のデータを使用します。

❶ データを開く

まず、データを開きましょう。「3」→「11」→「word mono」の順番でフォルダを選択し、「p092_03_word_1c.doc」のデータを探し、データを開きましょう。右のデータであることを確認してください。

p092_03_word_1c.doc

❷ 文字を入力する

データ内には、「テキスト」と表示されたテキストボックスが配置されています。このテキストボックス内に文字を入力することができます。「時間割」のデータですので、各教科等の名称を入力していきましょう。

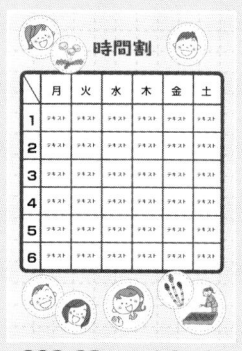

❸ 文字をデザインする

文字を入力したら、次に文字をデザインをしましょう。ここでは書体と文字の大きさを変えていきます。上部のツールバーでフォントの種類とフォントサイズを変えることができます。子どもたちが喜ぶように、かわいい書体を選択するとよいでしょう。

※カラーバージョンを使用するときは文字のカラーを変えると、より完成度の高いものになります。

文字を入力する

❹「科目アイコン」を活用する

本書の「1章 学校生活・学校行事―4時間割」(p017) には「科目アイコン」の一覧が掲載されています。このデータを活用することで、より魅力的な時間割を作成することができます。テキストボックス内の先頭にカーソルを合わせ、ツールバーの「挿入」→「図」(Word2003以前は→「ファイルから」) という手順で科目アイコンのデータを配置しましょう。上手に使って、よりかわいい時間割を作成してみましょう。

科目アイコンを活用する

3

イラストカット・テンプレート

3 イラストカット・テンプレート

1 低学年の子ども

▶ 男の子①　　　　▶ 男の子②　　　　▶ 男の子③　　　　▶ 男の子④

p072_01　　　　　p072_02　　　　　p072_03　　　　　p072_04

▶ 女の子①　　　　▶ 女の子②　　　　▶ 女の子③　　　　▶ 女の子④

p072_05　　　　　p072_06　　　　　p072_07　　　　　p072_08

▶ 男の子（！）　　▶ 女の子（！）　　▶ 男の子（？）　　▶ 男の子（？）

p072_09　　　　　p072_10　　　　　p072_11　　　　　p072_12

▶ 男の子（怒る）　▶ 女の子（怒る）　▶ 男の子（泣く）　▶ 男の子（泣く）

p072_13　　　　　p072_14　　　　　p072_15　　　　　p072_16

▶ 男の子（全身）

p073_01

▶ 女の子（全身）

p073_02

▶ 男の子・女の子（全身）

p073_03

▶ 男の子（挙手）

p073_04

▶ 女の子（挙手）

p073_05

▶ 下校（晴れ）

p073_06

▶ 下校（雨）

p073_07

▶ 健康診断

p073_08

▶ 視力検査

p073_09

3 イラストカット・テンプレート

3 イラストカット・テンプレート

2 中学年の子ども

▶ 男の子① 
p074_01

▶ 男の子② 
p074_02

▶ 男の子③ 
p074_03

▶ 男の子④ 
p074_04

▶ 女の子① 
p074_05

▶ 女の子② 
p074_06

▶ 女の子③ 
p074_07

▶ 女の子④ 
p074_08

▶ 男の子（！） 
p074_09

▶ 女の子（！） 
p074_10

▶ 男の子（？） 
p074_11

▶ 男の子（？） 
p074_12

▶ 男の子（怒る） 
p074_13

▶ 女の子（怒る） 
p074_14

▶ 男の子（泣く） 
p074_15

▶ 男の子（泣く） 
p074_16

▶ 男の子（全身）
p075_01

▶ 女の子（全身）
p075_02

▶ 男の子・女の子 
p075_03

▶ 男の子（挙手） 
p075_04

▶ 女の子（挙手） 
p075_05

▶ 下校（晴れ） 
p075_06

▶ 下校（雪） 
p075_07

▶ ウサギ飼育 
p075_08

▶ ニワトリ飼育 
p075_09

3 イラストカット・テンプレート

3 高学年の子ども

▶男の子①　　　　▶男の子②　　　　▶男の子③　　　　▶男の子④

p076_01　　　　　p076_02　　　　　p076_03　　　　　p076_04

▶女の子①　　　　▶女の子②　　　　▶女の子③　　　　▶女の子④

p076_05　　　　　p076_06　　　　　p076_07　　　　　p076_08

▶男の子（！）　　▶女の子（！）　　▶男の子（？）　　▶女の子（？）

p076_09　　　　　p076_10　　　　　p076_11　　　　　p076_12

▶男の子（怒る）　▶女の子（怒る）　▶男の子（泣く）　▶男の子（泣く）

p076_13　　　　　p076_14　　　　　p076_15　　　　　p076_16

076

▶ 男の子（全身）　　　▶ 女の子（全身）　　　▶ 男の子・女の子

p077_01　　　　　　　p077_02　　　　　　　p077_03

▶ 男の子（挙手）　　　▶ 女の子（挙手）　　　▶ 下校（夏）

p077_04　　　　　　　p077_05　　　　　　　p077_06

▶ 下校（雨）　　　　　▶ 放送委員　　　　　　▶ 花壇の手入れ

p077_07　　　　　　　p077_08　　　　　　　p077_09

3 イラストカット・テンプレート

3 イラストカット・テンプレート

4 先生

▶ 女の先生（20代）　　▶ 女の先生（20代）　　▶ 女の先生（40代）　　▶ 女の先生（40代）

p078_01　　　　　　　p078_02　　　　　　　p078_03　　　　　　　p078_04

▶ 男の先生（20代）　　▶ 男の先生（20代）　　▶ 男の先生（40代）　　▶ 男の先生（40代）

p078_05　　　　　　　p078_06　　　　　　　p078_07　　　　　　　p078_08

▶ 教頭先生（女）　　　▶ 教頭先生（男）　　　▶ 校長先生（女）　　　▶ 校長先生（男）

p078_09　　　　　　　p078_10　　　　　　　p078_11　　　　　　　p078_12

▶ 女の先生（！）　　　▶ 男の先生（！）　　　▶ 女の先生（叱る）　　▶ 男の先生（叱る）

p078_13　　　　　　　p078_14　　　　　　　p078_15　　　　　　　p078_16

078

▶ 女の先生（20代・全身）　▶ 女の先生（40代・全身）　▶ 女の先生（校長・全身）

p079_01　　　p079_02　　　p079_03

▶ 男の先生（20代・全身）　▶ 男の先生（40代・全身）　▶ 男の先生（校長・全身）

p079_04　　　p079_05　　　p079_06

▶ 保健室の先生　　　▶ 用務員さん　　　▶ 給食のおばさん

p079_07　　　p079_08　　　p079_09

3 イラストカット・テンプレート

5 季節

▶ 桜（春）

p080_01

▶ こいのぼり（春）

p080_02

▶ 遠足（春）

p080_03

▶ 雨（梅雨）

p080_04

▶ あじさい（梅雨）

p080_05

▶ 七夕（夏）

p080_06

▶ 海（夏）

p080_07

▶ 花火（夏）

p080_08

▶ 虫捕り（夏）

p080_09

▶紅葉（秋）　　　　▶お月様（秋）　　　▶運動会（秋）

p081_01　　　　　　p081_02　　　　　　p081_03

▶クリスマスツリー(冬)　▶サンタクロース(冬)　▶お餅つき（冬）

p081_04　　　　　　p081_05　　　　　　p081_06

▶門松（冬）　　　　▶正月遊び（冬）　　　▶節分（冬）

p081_07　　　　　　p081_08　　　　　　p081_09

3 イラストカット・テンプレート

6 動物・植物

▶ イヌ 
p082_01

▶ ネコ 
p082_02

▶ ウサギ 
p082_03

▶ サル 
p082_04

▶ ゴリラ 
p082_05

▶ ライオン 
p082_06

▶ カメ 
p082_07

▶ ペンギン 
p082_08

▶ ひよこ 
p082_09

▶ タンポポ 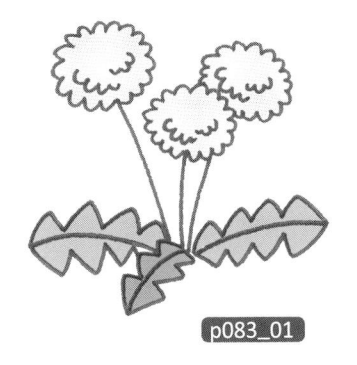
p083_01

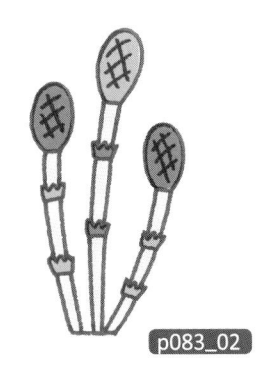

▶ ツクシ
p083_02

▶ チューリップ 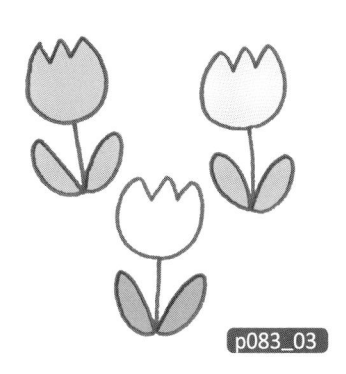
p083_03

▶ アサガオ 
p083_04

▶ カーネーション
p083_05

▶ ヒマワリ 
p083_06

▶ ヘチマ 
p083_07

▶ ススキ 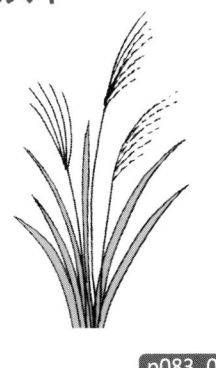
p083_08

▶ イチョウ 
p083_09

3 イラストカット・テンプレート

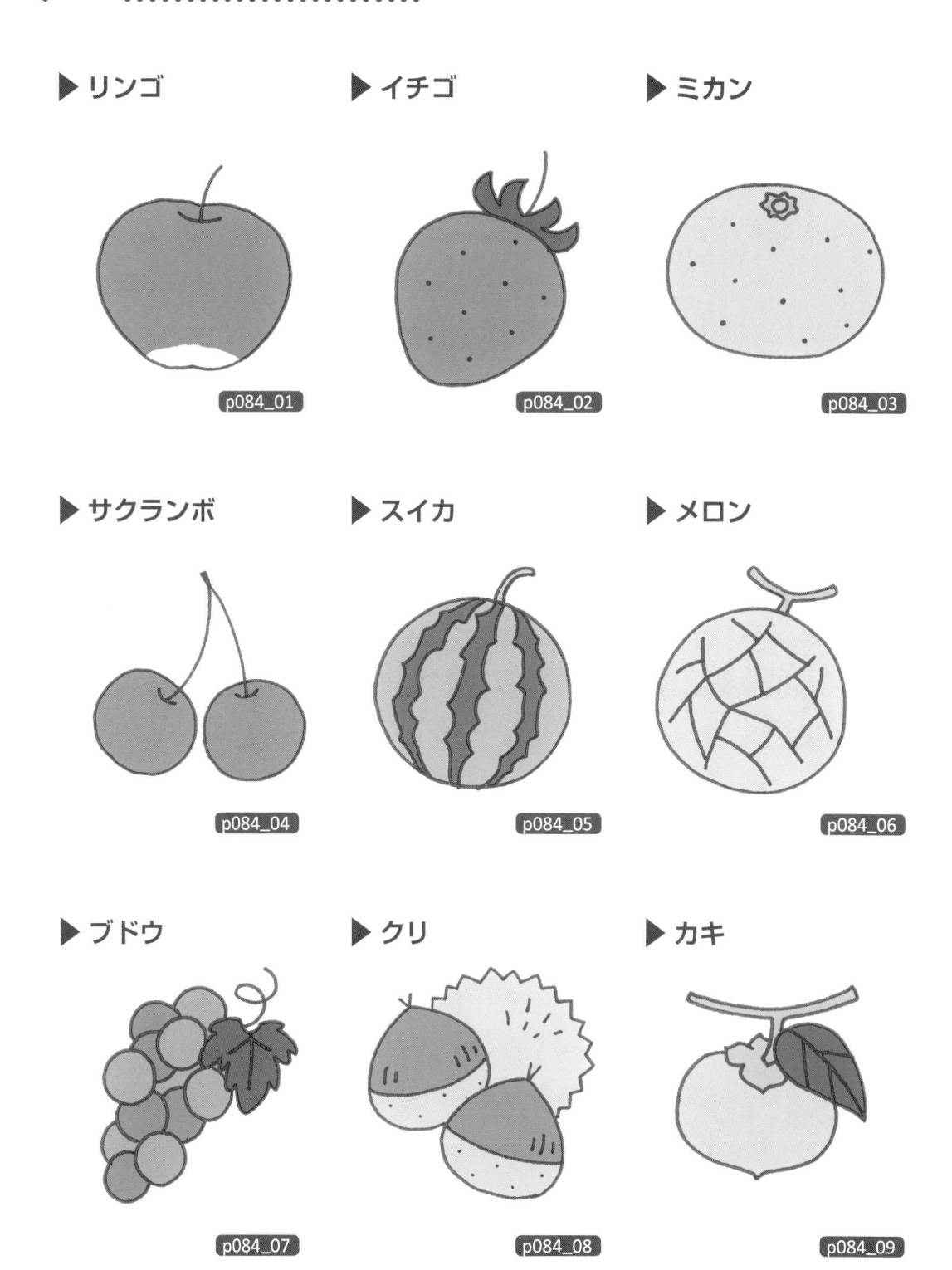

7 果物・乗り物

▶ リンゴ
p084_01

▶ イチゴ
p084_02

▶ ミカン
p084_03

▶ サクランボ
p084_04

▶ スイカ
p084_05

▶ メロン
p084_06

▶ ブドウ
p084_07

▶ クリ
p084_08

▶ カキ
p084_09

▶ 乗用車　　　　　▶ 消防車　　　　　▶ 救急車

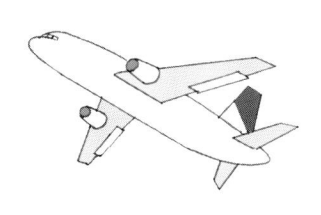

p085_01　　　　　p085_02　　　　　p085_03

▶ 電車　　　　　　▶ 新幹線　　　　　▶ モノレール

p085_04　　　　　p085_05　　　　　p085_06

▶ 旅客機　　　　　▶ ヘリコプター　　　▶ 客船

p085_07　　　　　p085_08　　　　　p085_09

3 イラストカット・テンプレート

8 連絡網・欠席連絡カード

▶ 連絡網（低学年）

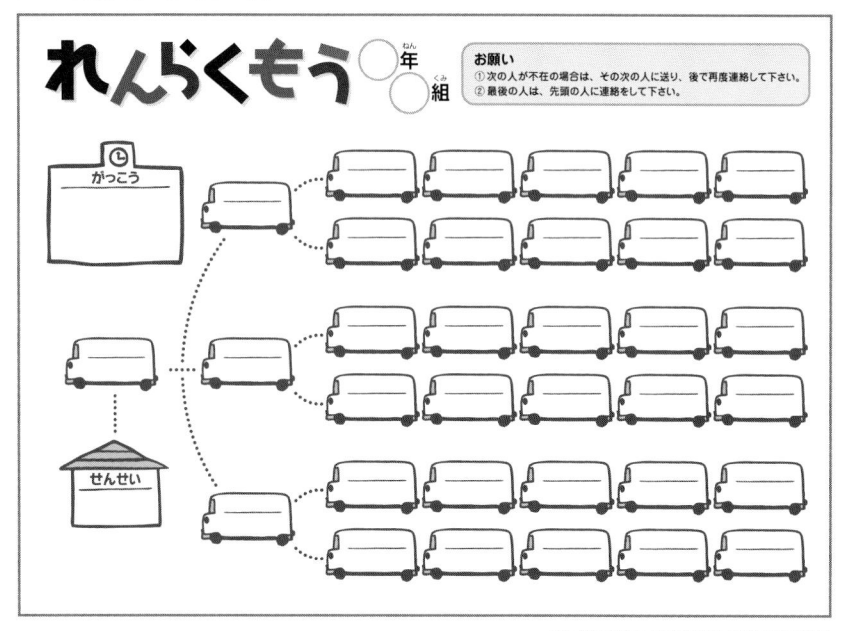

推奨サイズ：A4　p086_01

▶ 連絡網（中学年）

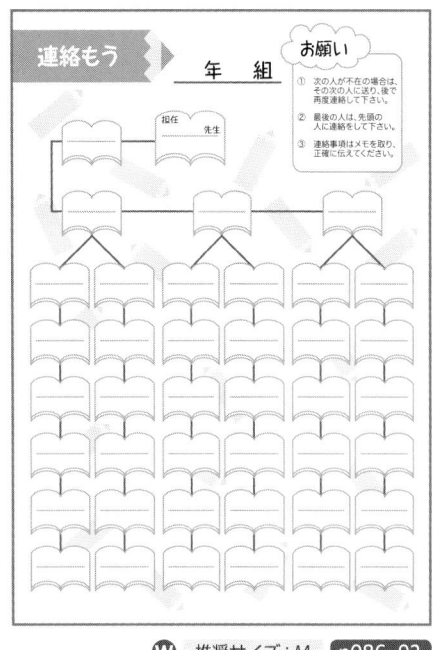

推奨サイズ：A4　p086_02

▶ 連絡網（高学年）

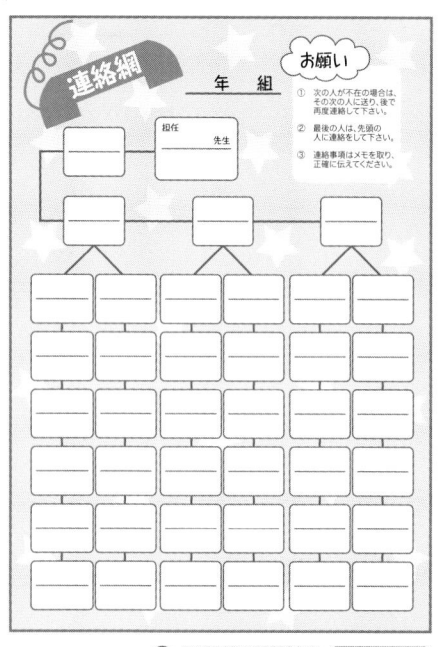

推奨サイズ：A4　p086_03

▶ 欠席連絡カード（低学年）

さんへ　　月　　日（　）

今日あったこと

あしたの時間わり

	1	2	3	4	5	6
かもく						
もちもの						

はやく元気になってね！

推奨サイズ：B5　p087_01

▶ 欠席連絡カード（中学年）

さんへ　　月　　日（　）

● 明日の時間わり

	1	2	3	4	5	6
科目						
持ち物						

● れんらく

● みんなから一言

推奨サイズ：B5　p087_02

▶ 欠席連絡カード（高学年）

欠席連絡カード

さんへ
月　　日（　）

● 明日の時間割

	1	2	3	4	5	6
科目						
持ち物						

● 連絡　　● みんなから

推奨サイズ：B5　p087_03

3 イラストカット・テンプレート

9 トーナメント表・総当り対戦表

▶ トーナメント表（4チーム）

推奨サイズ：A3　p088_01

▶ トーナメント表（6チーム）

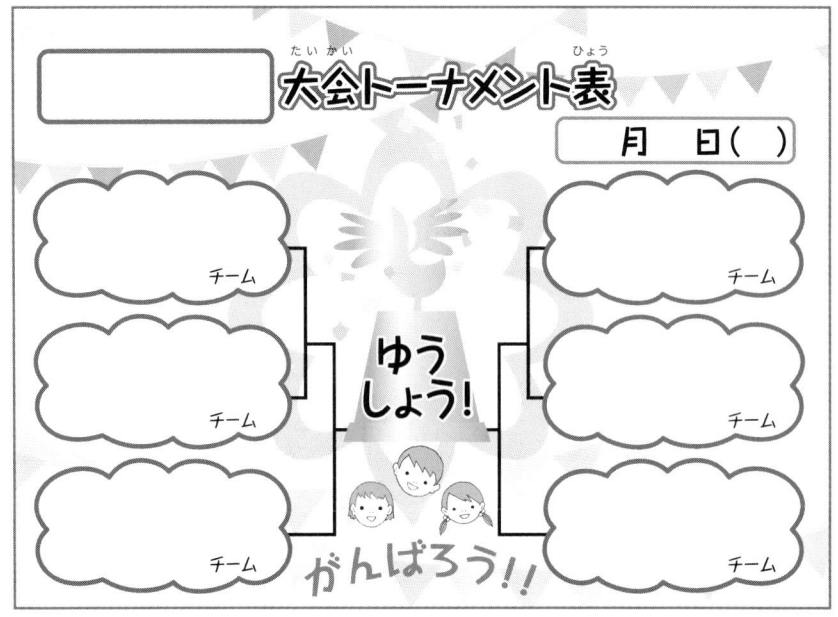

推奨サイズ：A3　p088_02

▶ 総当り対戦表（4チーム）

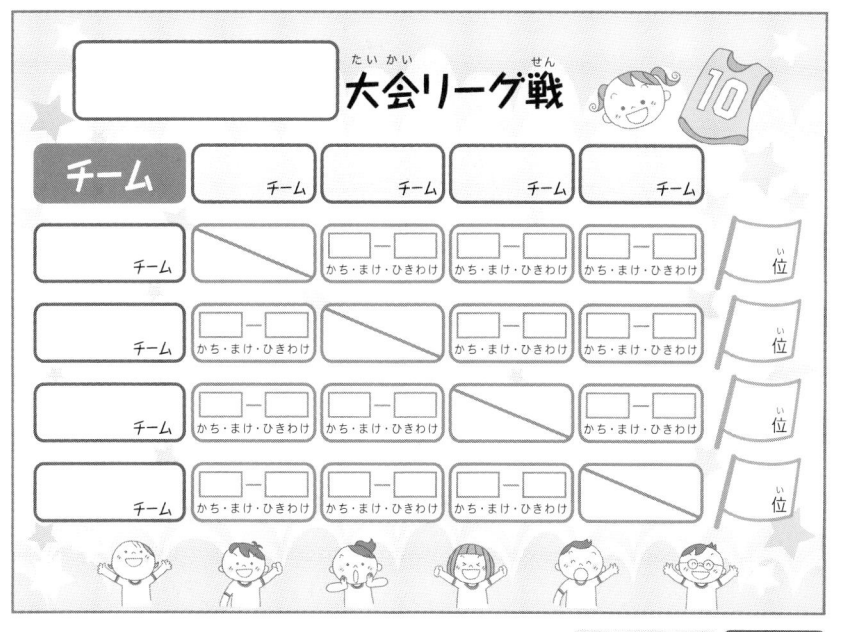

推奨サイズ：A3　p089_01

▶ 総当り対戦表（6チーム）

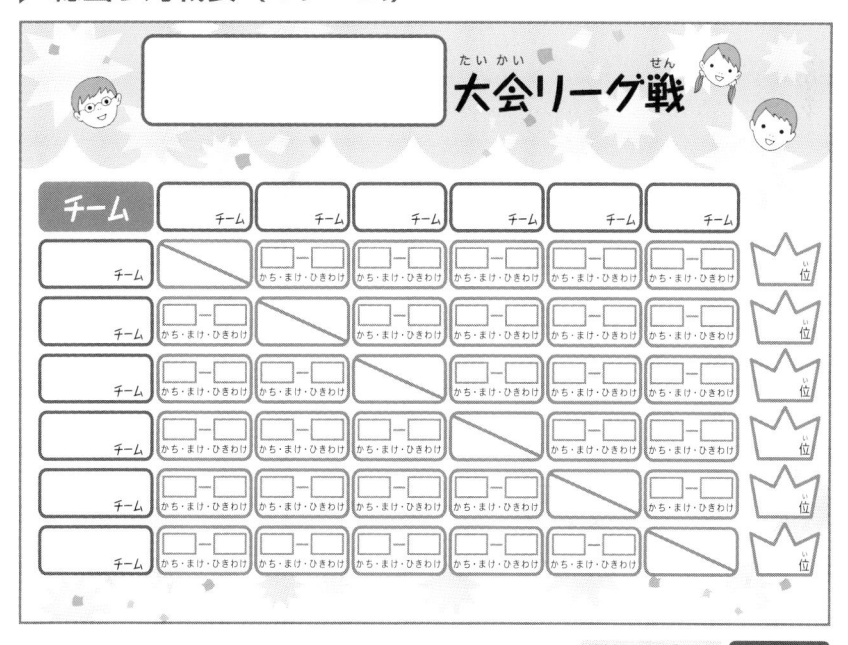

推奨サイズ：A3　p089_02

3 イラストカット・テンプレート

10 めあてカード

▶ 1学期のめあて

推奨サイズ：B5　p090_01

▶ 2学期のめあて

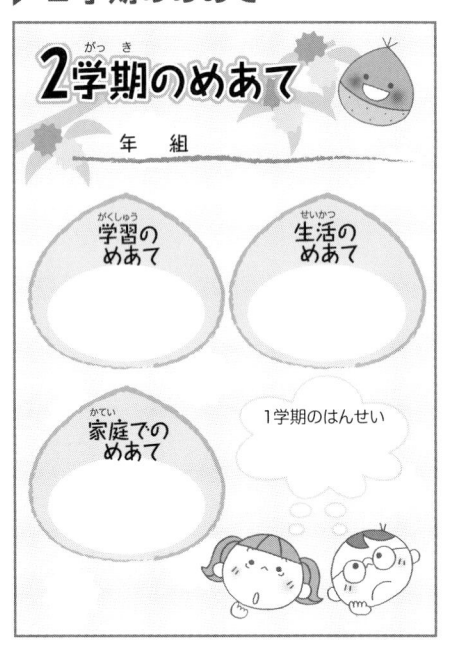

推奨サイズ：B5　p090_02

▶ 3学期のめあて

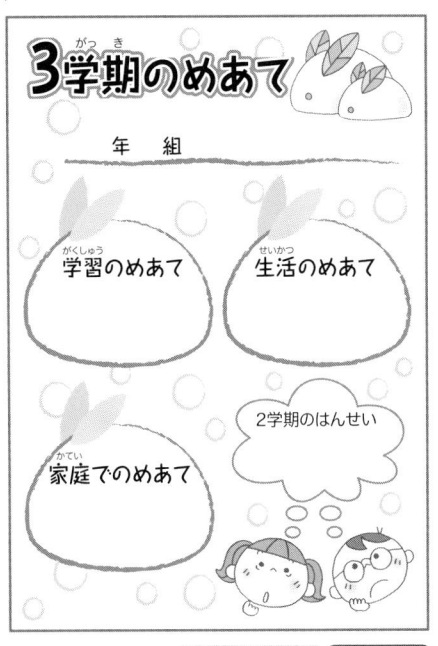

推奨サイズ：B5　p090_03

▶ わたしのめあて

推奨サイズ：A3　p090_04

▶ クラスのめあて（低学年）

クラスのめあて

みんなできょうりょくできるかな？

推奨サイズ：A4　p091_01

▶ クラスのめあて（中・高学年）

クラスのめあて

①
②

友だちと助け合ってめあてを達成しよう！

推奨サイズ：A4　p091_02

▶ 今月の生活目標

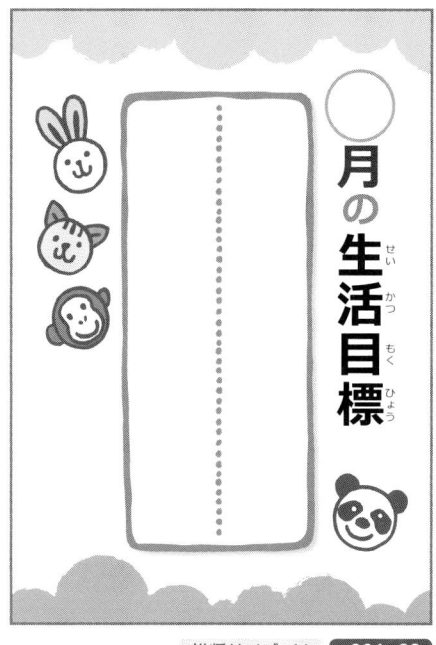

○月の生活目標

推奨サイズ：A4　p091_03

▶ 今月の学習目標

○月の学習目標

今月もがんばろう！

推奨サイズ：A4　p091_04

3 イラストカット・テンプレート

11 時間割

▶ 時間割（低学年）

推奨サイズ：A4　p092_01

▶ 時間割（中学年）

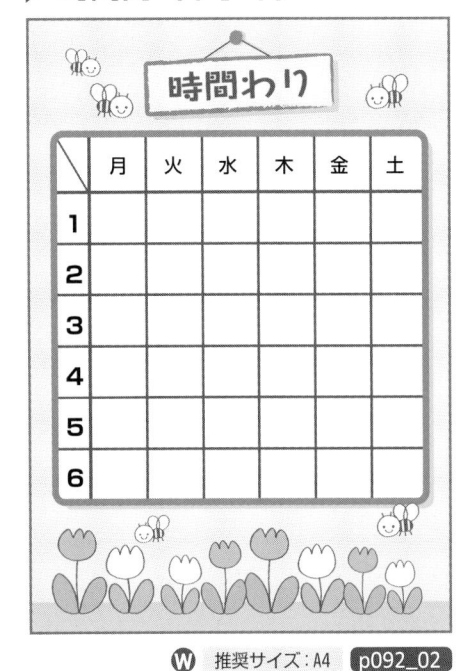

推奨サイズ：A4　p092_02

▶ 時間割（高学年）

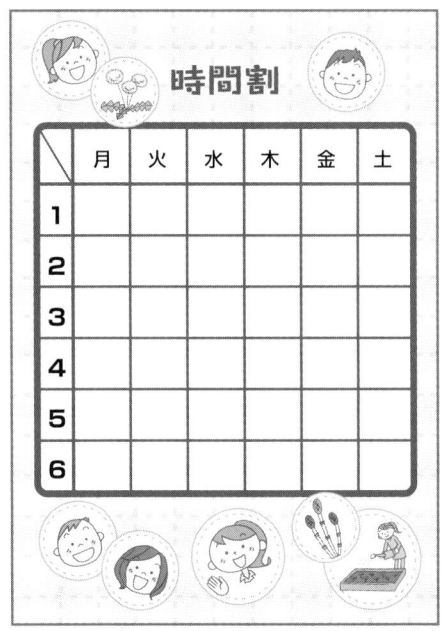

推奨サイズ：A4　p092_03

▶ 時間割（中学年）

推奨サイズ：A4　p093_01

▶ 時間割（低学年）

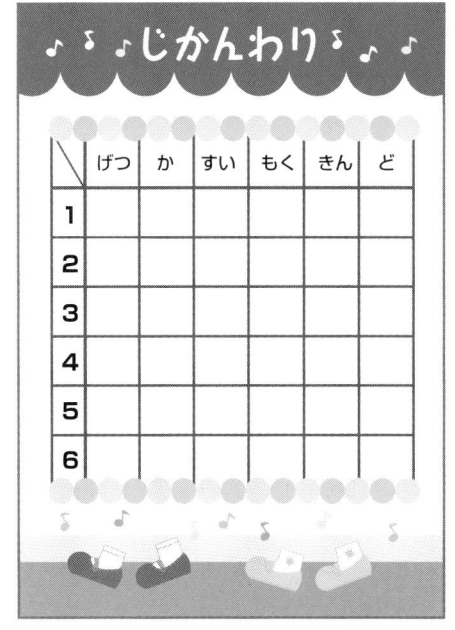

推奨サイズ：A4　p093_02

▶ 時間割（高学年）

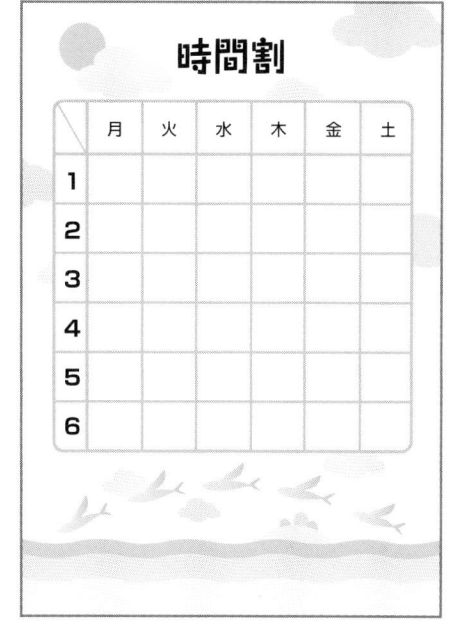

推奨サイズ：A4　p093_03

3 イラストカット・テンプレート

12 賞状

▶ 表彰状（低学年）

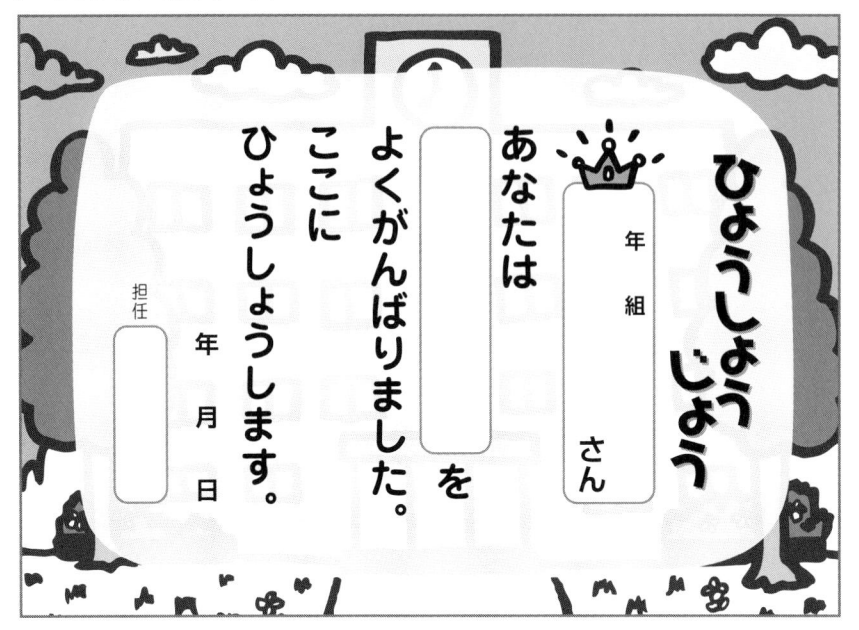

ひょうしょうじょう

年 組　　さん

あなたは
よくがんばりました。
ここに
ひょうしょうします。

担任

年 月 日

推奨サイズ：B5　p094_01

▶ 表彰状（中学年）

ひょうしょう状

年 組　　さん

あなたは
　　　　　　　　を
とてもがんばり、りっぱでした。
よってここにひょうしょうします。

年 月 日

担任

推奨サイズ：B5　p094_02

▶ 表彰状（高学年）

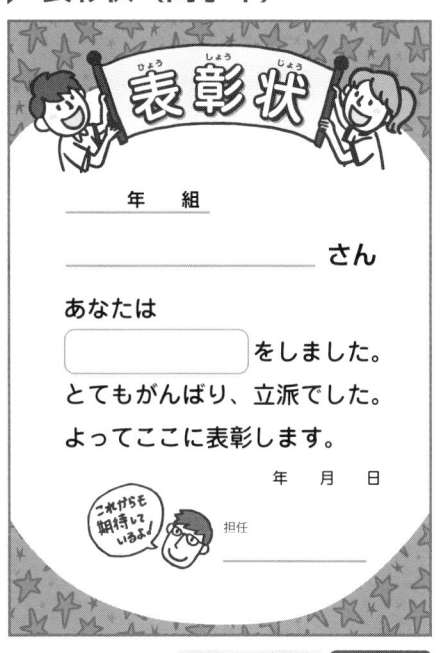

表彰状

年 組　　さん

あなたは
　　　　　　　　をしました。
とてもがんばり、立派でした。
よってここに表彰します。

年 月 日

これからも期待しているよ！

担任

推奨サイズ：B5　p094_03

▶ ともだちとなかよし賞（低学年）

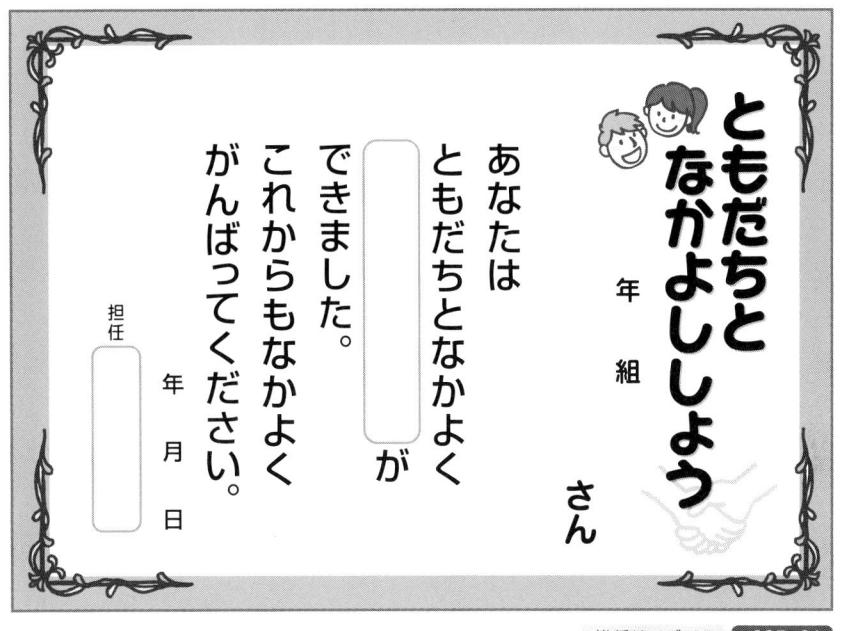

ともだちとなかよししょう

年 組　　さん

あなたは
ともだちとなかよく
　　　　　が
できました。
これからもなかよく
がんばってください。

年 月 日
担任

推奨サイズ：B5　p095_01

▶ 努力賞（中・高学年）

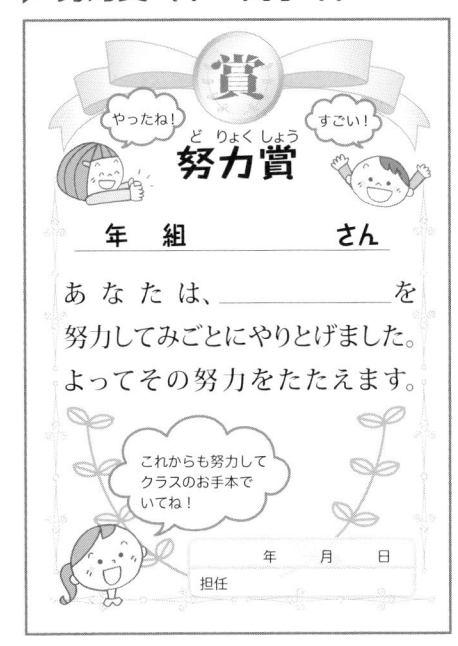

賞

やったね！　すごい！

どりょくしょう
努力賞

年　組　　　　さん

あなたは、＿＿＿＿＿＿を
努力してみごとにやりとげました。
よってその努力をたたえます。

これからも努力して
クラスのお手本で
いてね！

年　月　日
担任

推奨サイズ：B5　p095_02

▶ 出席パーフェクト賞（中・高学年）

しゅっせき　　　　　　　しょう
出席パーフェクト賞

年　組　　　　さん

あなたは、＿＿学期は
すべて出席できました。
よってここに賞します。

毎日、元気いっぱいに
がんばったね！

すごいね！！

推奨サイズ：B5　p095_03

3 イラストカット・テンプレート

13 お便りカード

▶ お便りカード

お便りカード
さんへ
より

推奨サイズ：B5　p096_01

▶ 便箋①

推奨サイズ：B5　p096_02

▶ 便箋②

推奨サイズ：B5　p096_03

▶ 夏休みのめあてカード

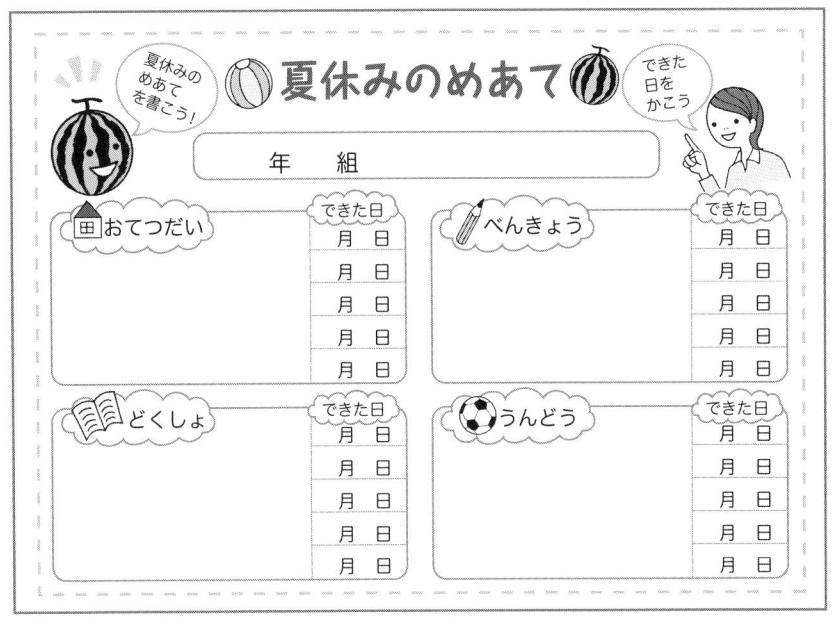

推奨サイズ：A4　p097_01

▶ 冬休みのめあてカード

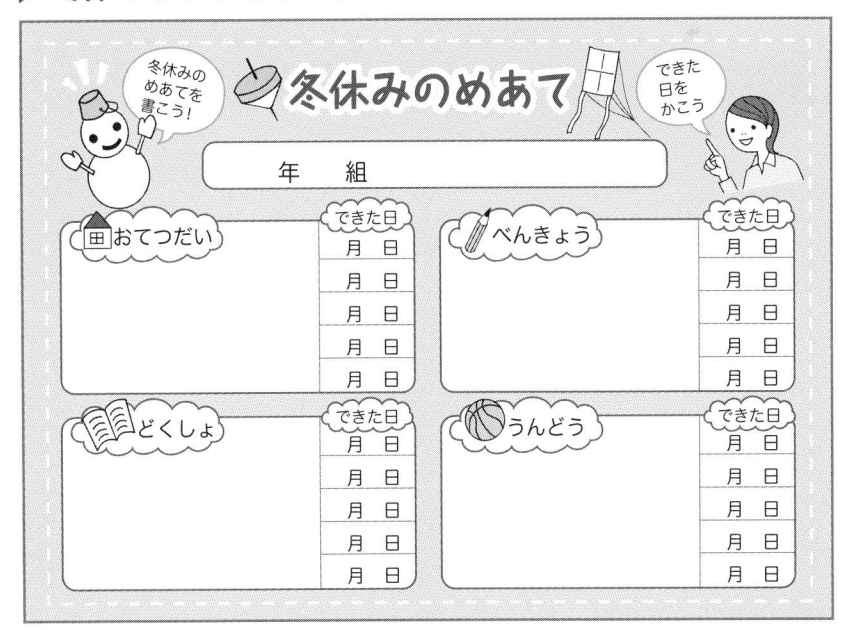

推奨サイズ：A4　p097_02

3 イラストカット・テンプレート

14 飾り文字

▶ 祝 ご入学

p098_01

▶ 入学式

p098_02

▶ 始業式

p098_03

▶ 祝 ご卒業

p098_04

▶ 卒業式

p098_05

▶ 終業式

p098_06

▶ 1学期

p098_07

▶ 2学期

p098_08

▶ 3学期

p098_09

▶ 夏休み

p098_10

▶ 冬休み

p098_11

▶ 春休み

p098_12

▶日直　　　　　▶掃除当番　　　　▶給食当番

p099_01　　　　p099_02　　　　　p099_03

▶○年○組　　　▶○○組　　　　　▶○班

p099_04　　　　p099_05　　　　　p099_06

▶学級会　　　　▶朝の会　　　　　▶帰りの会

p099_07　　　　p099_08　　　　　p099_09

▶運動会　　　　▶学芸会　　　　　▶水泳大会

p099_10　　　　p099_11　　　　　p099_12

3 イラストカット・テンプレート

15 飾り枠・吹き出し

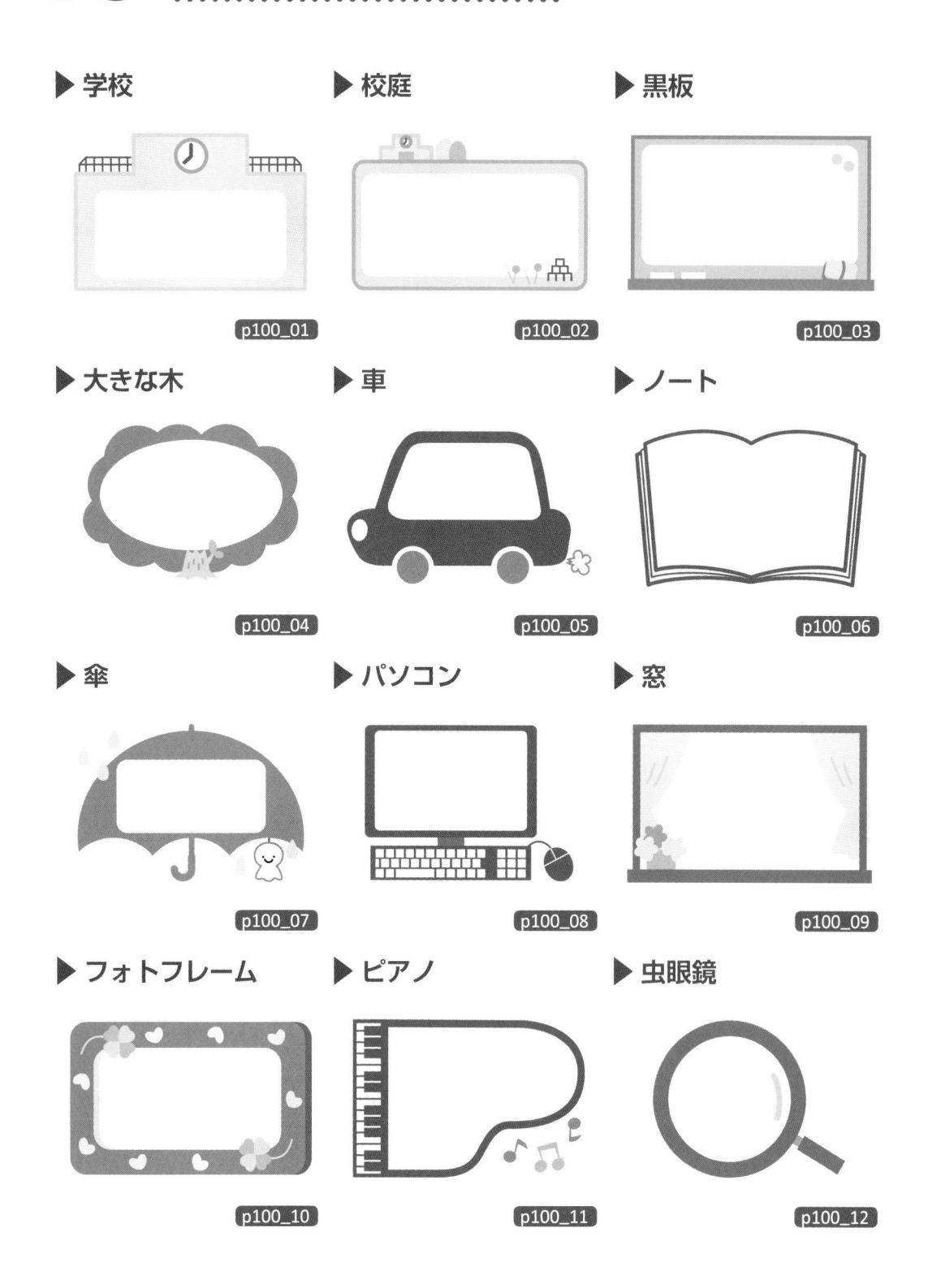

▶ 学校
p100_01

▶ 校庭
p100_02

▶ 黒板
p100_03

▶ 大きな木
p100_04

▶ 車
p100_05

▶ ノート
p100_06

▶ 傘
p100_07

▶ パソコン
p100_08

▶ 窓
p100_09

▶ フォトフレーム
p100_10

▶ ピアノ
p100_11

▶ 虫眼鏡
p100_12

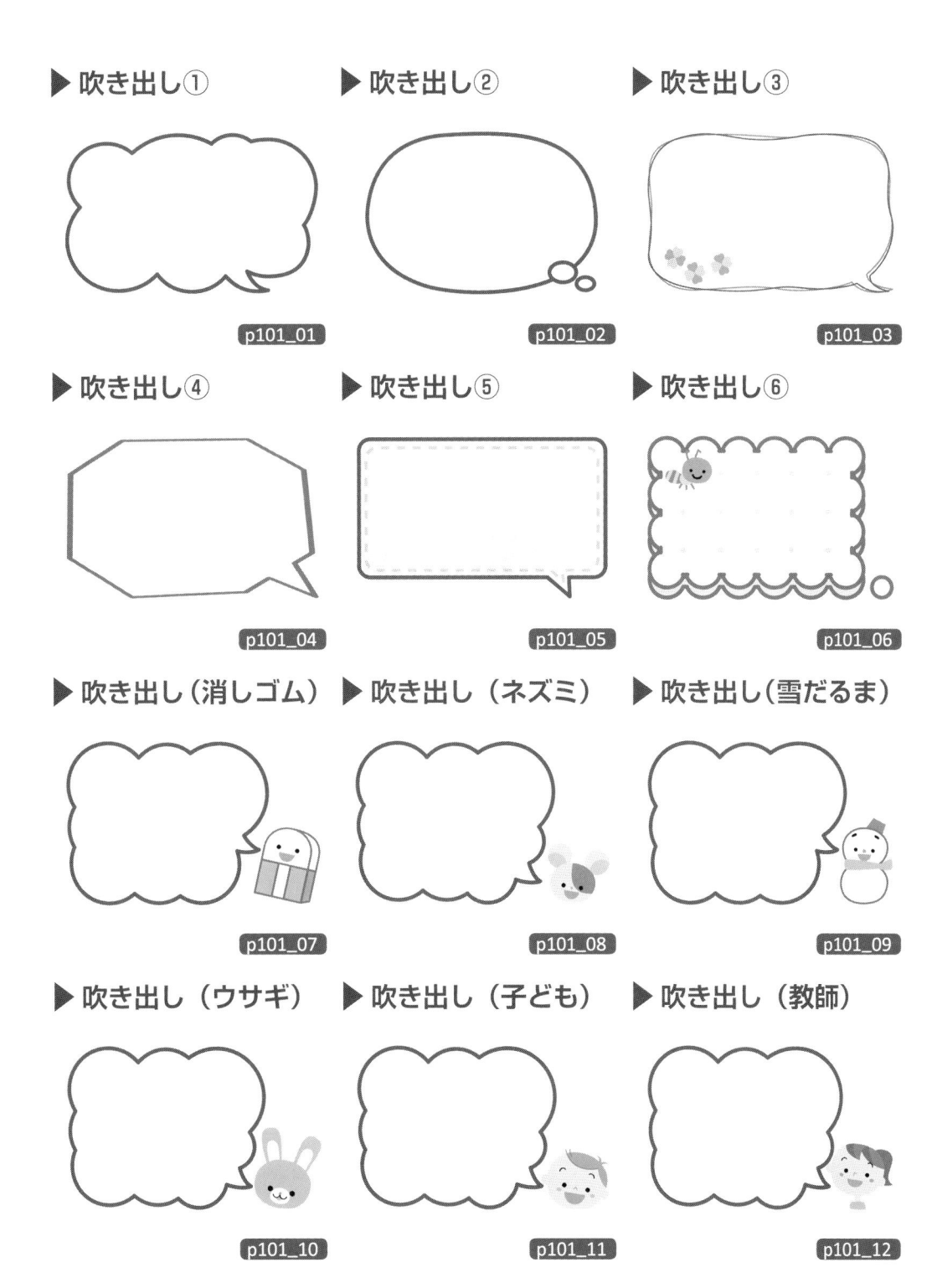

▶吹き出し①　　　　　▶吹き出し②　　　　　▶吹き出し③

p101_01　　　　　　p101_02　　　　　　p101_03

▶吹き出し④　　　　　▶吹き出し⑤　　　　　▶吹き出し⑥

p101_04　　　　　　p101_05　　　　　　p101_06

▶吹き出し（消しゴム）　▶吹き出し（ネズミ）　▶吹き出し（雪だるま）

p101_07　　　　　　p101_08　　　　　　p101_09

▶吹き出し（ウサギ）　　▶吹き出し（子ども）　　▶吹き出し（教師）

p101_10　　　　　　p101_11　　　　　　p101_12

One Point Advice ③

イラストを組み合わせて様々なものに活用する

本書のイラストを組み合わせることで、様々なものが作成できます。ここでは、学級経営における「日直紹介カード」、理科の授業で使用する「実験カード」、体育の授業で使用する「プレルボール大会トーナメント表」を作成例として紹介します。

❶ 「日直紹介カード」 [推奨サイズA4判]

【使用データ】
- 日直の飾り文字 [p099_01_1c.png]
- ○年○組の飾り文字 [p099_04_1c.png]
- 黒板の飾り枠 [p100_03_1c.png]
- 高学年の男の子（全身）[p077_01_1c.png]
- 高学年の女の子（全身）[p077_02_1c.png]
- 学校①[p104_01_1c.png]
- 吹き出し（教師）[p101_12_1c.png]

【作成の際のポイント】
これは、その日の日直をクラスの子どもたちに知らせるカードです。このカードでは「日直が誰なのか」が一番重要なので、「日直の飾り文字」と子どもたちの名前を書くスペースである、「黒板の飾り枠」を大きく配置しました。

❷ 「じっけんカード」：第3学年理科 [推奨サイズB5判]

【使用データ】
- 磁石 [p115_02_1c.png]
- 教頭先生（女）[p078_09_1c.png]
- えんぴつ [p108_06_1c.png]
- 消しゴム [p108_09_1c.png]
- ふでばこ [p108_07_1c.png]
- チョーク [p106_08_1c.png]
- ハサミ・カッターナイフ [p109_04_1c.png]
- のり [p109_07_1c.png]
- じょうぎ [p110_01_1c.png]
- ハーモニカ [p117_06_1c.png]
- コンパス [p110_04_1c.png]
- 中学年男の子（！）[p074_09_1c.png]

【作成の際のポイント】
これは、第3学年の理科「磁石の性質」で使用する学習カードです。このカードでは、「6 理科教材」以外に示されているイラストを多く使用しています。

❸ 「プレルボール大会トーナメント表」：中～高学年体育 [推奨サイズA3判]

【使用データ】
- トーナメント表（4チーム）[p088_01_1c.png]
- イヌ [p082_01_1c.png]
- ウサギ [p082_03_1c.png]
- ゴリラ [p082_05_1c.png]
- ひよこ [p082_09_1c.png]

【作成の際のポイント】
ホワイトボードなどに掲示するポスターです。この例では、動物をチーム名にしています。様々なチーム名を工夫しましょう。

4

学校施設、教材・教具

4 学校施設、教材・教具

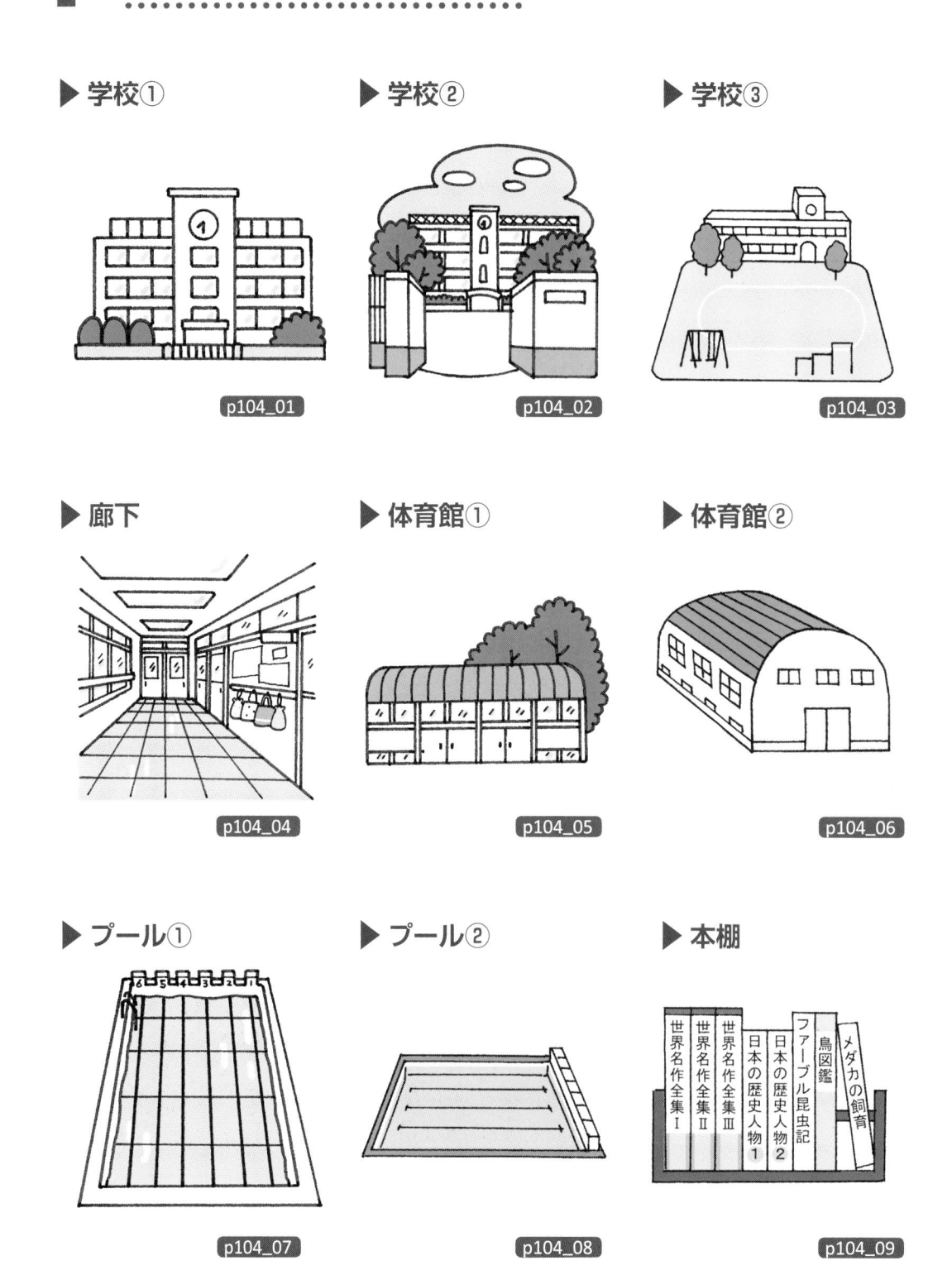

1 学校・教室設備 I

▶ 学校①　　　　　▶ 学校②　　　　　▶ 学校③

p104_01　　　　　p104_02　　　　　p104_03

▶ 廊下　　　　　　▶ 体育館①　　　　▶ 体育館②

p104_04　　　　　p104_05　　　　　p104_06

▶ プール①　　　　▶ プール②　　　　▶ 本棚

p104_07　　　　　p104_08　　　　　p104_09

▶机 p105_01

▶いす p105_02

▶ノート① p105_03

▶ノート② p105_04

▶ロッカー p105_05

▶ほうき p105_06

▶ちりとり p105_07

▶ぞうきん p105_08

▶ゴミ箱 p105_09

1 学校生活・学校行事

2 教科の学習

3 イラストカット・テンプレート

4 学校施設、教材・教具

4 学校施設、教材・教具

2 学校・教室設備 II

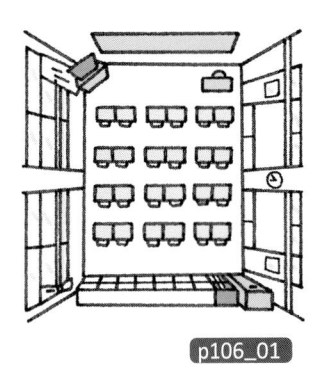

▶ 教室①

▶ 教室②

▶ 教室③

▶ 黒板①

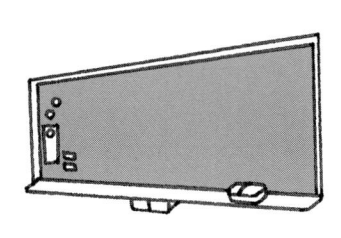

▶ 黒板②

▶ 黒板消し①

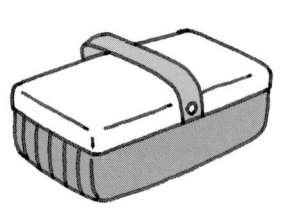

▶ 黒板消し②

▶ チョーク

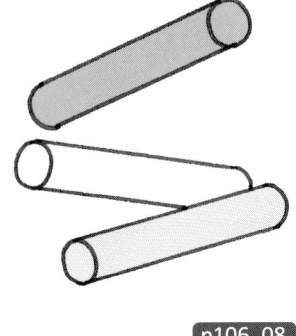

▶ 黒板消しクリーナー

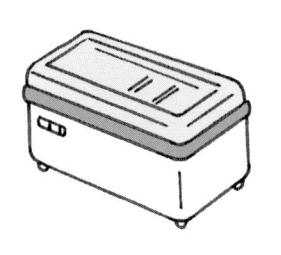

▶ 掛け時計　　　　　▶ スピーカー　　　　▶ マイク

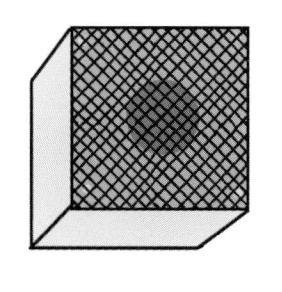

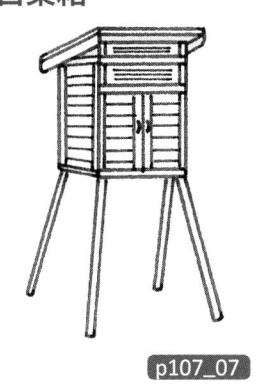

p107_01　　　　　　p107_02　　　　　　p107_03

▶ 窓　　　　　　　　▶ 飼育小屋　　　　　▶ 鳥小屋

p107_04　　　　　　p107_05　　　　　　p107_06

▶ 百葉箱　　　　　　▶ 花壇　　　　　　　▶ 砂場

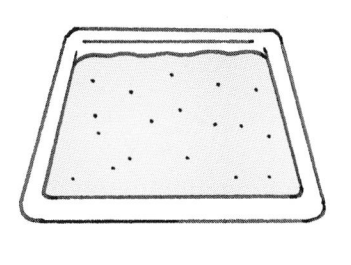

p107_07　　　　　　p107_08　　　　　　p107_09

4 学校施設、教材・教具

3 子どもの持ち物

▶ ランドセル①

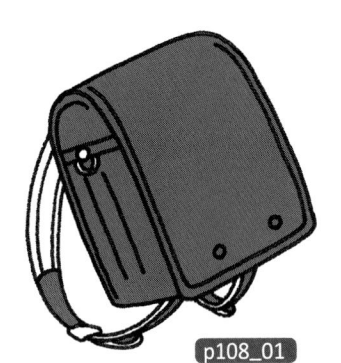

▶ ランドセル②

▶ 手さげ袋

▶ うわばき①

▶ うわばき②

▶ えんぴつ

▶ ふでばこ

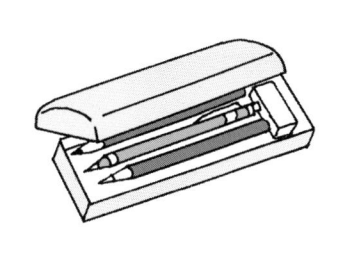

▶ 鉛筆けずり

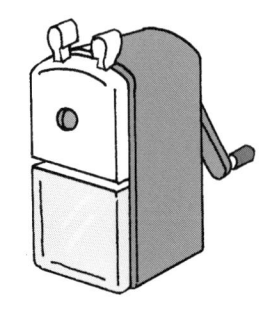

▶ 消しゴム

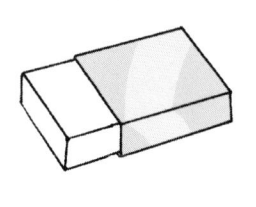

▶絵筆 ▶絵の具 ▶色鉛筆

p109_01 p109_02 p109_03

▶ハサミ・カッターナイフ ▶彫刻刀 ▶セロハンテープ

p109_04 p109_05 p109_06

▶のり ▶筆 ▶すずり

p109_07 p109_08 p109_09

4 学校施設、教材・教具

4 算数・家庭科教材

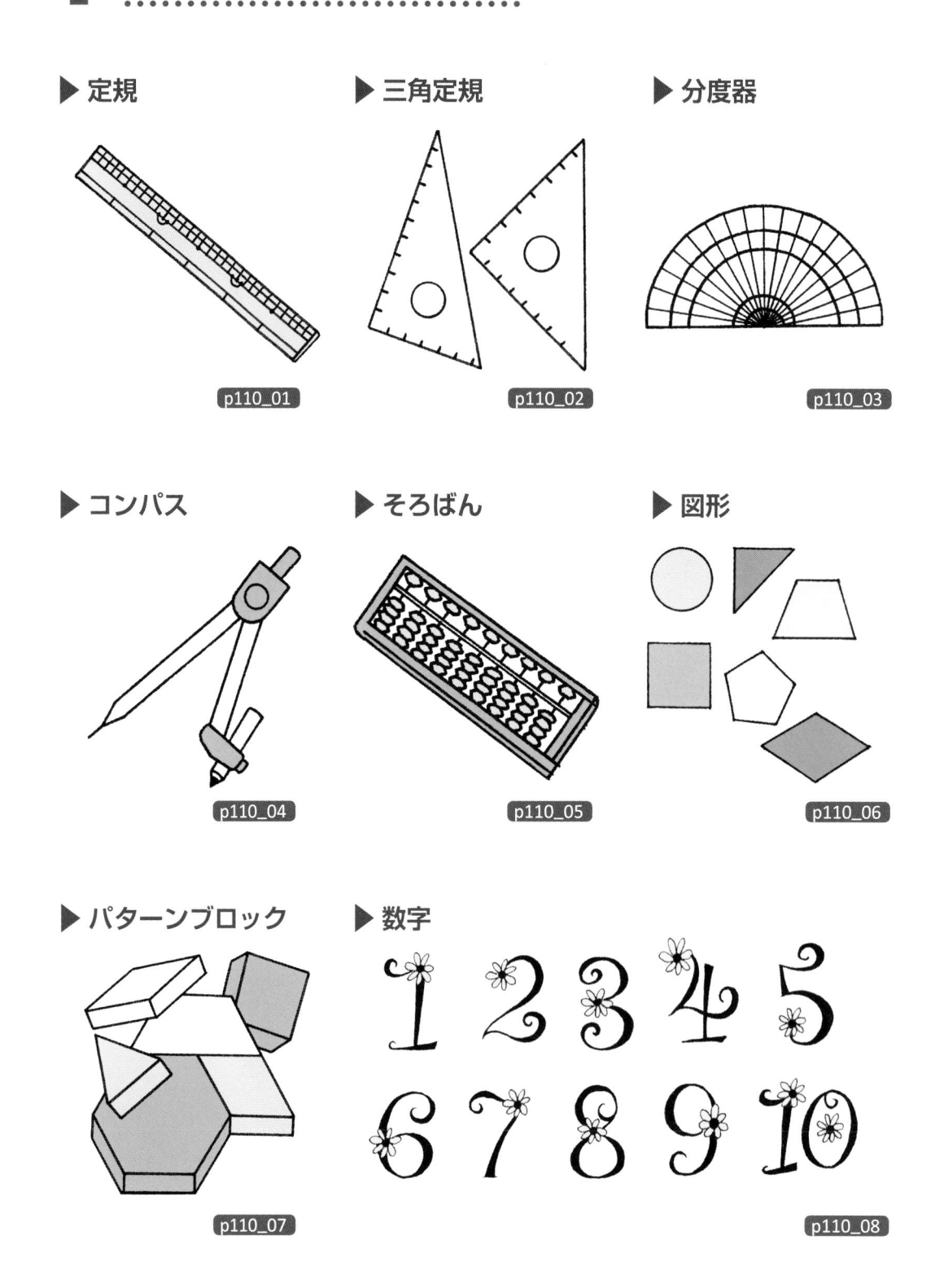

▶ 定規

p110_01

▶ 三角定規

p110_02

▶ 分度器

p110_03

▶ コンパス

p110_04

▶ そろばん

p110_05

▶ 図形

p110_06

▶ パターンブロック

p110_07

▶ 数字

p110_08

- ▶ かさ p111_01
- ▶ かっぱ p111_02
- ▶ 長靴 p111_03
- ▶ マフラー p111_04
- ▶ 手袋 p111_05
- ▶ マスク p111_06
- ▶ エプロン p111_07
- ▶ 針と糸 p111_08
- ▶ ミシン p111_09

4 学校施設、教材・教具

5 社会科教材・公共施設

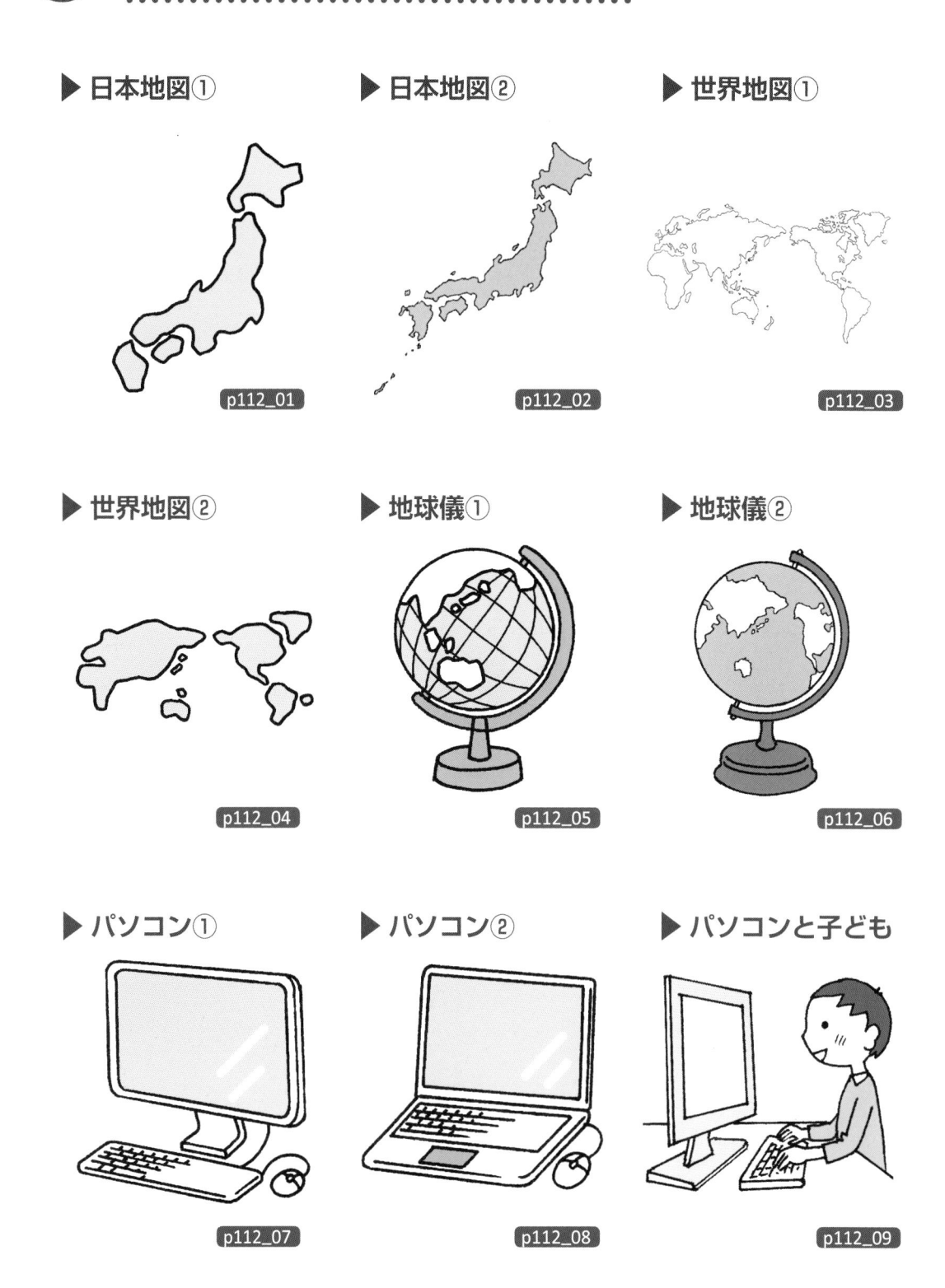

▶ 日本地図①　　　　　▶ 日本地図②　　　　　▶ 世界地図①

p112_01　　　　　　　p112_02　　　　　　　p112_03

▶ 世界地図②　　　　　▶ 地球儀①　　　　　　▶ 地球儀②

p112_04　　　　　　　p112_05　　　　　　　p112_06

▶ パソコン①　　　　　▶ パソコン②　　　　　▶ パソコンと子ども

p112_07　　　　　　　p112_08　　　　　　　p112_09

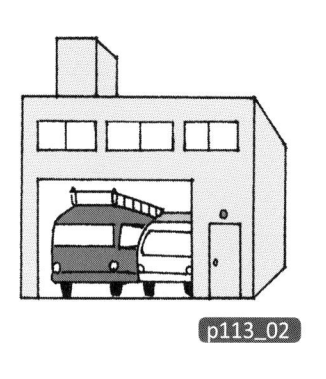

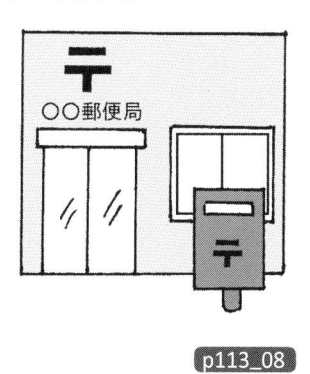

▶交番　　　　　▶消防署　　　　▶病院

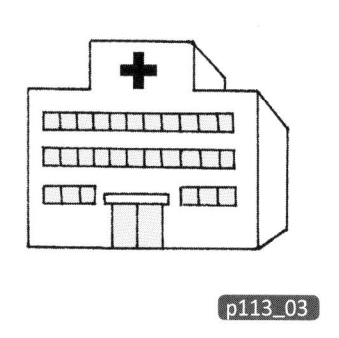

p113_01　　　　p113_02　　　　p113_03

▶パトカー　　　▶消防車　　　　▶救急車

p113_04　　　　p113_05　　　　p113_06

▶図書館　　　　▶郵便局　　　　▶寺社

p113_07　　　　p113_08　　　　p113_09

4 学校施設、教材・教具

6 理科教材

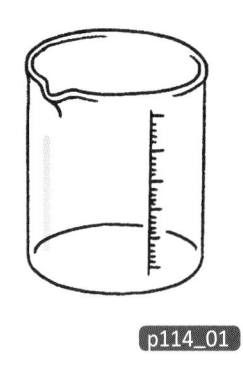

▶ ビーカー

p114_01

▶ 三角フラスコ

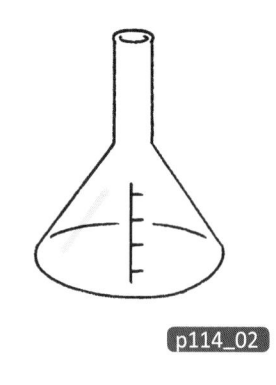

p114_02

▶ 温度計

p114_03

▶ ルーペ

p114_04

▶ 送風機

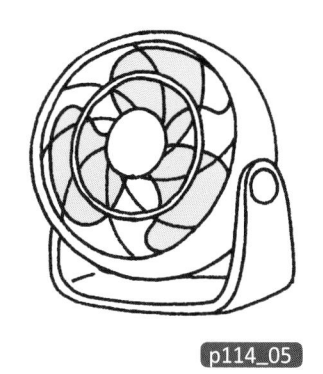

p114_05

▶ 平面鏡

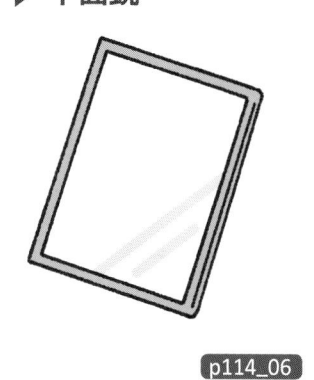

p114_06

▶ 豆電球

p114_07

▶ 乾電池

p114_08

▶ 光電池

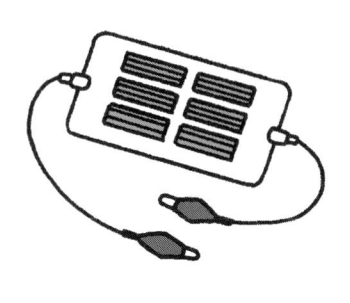

p114_09

- ▶ 方位磁針 p115_01
- ▶ 磁石 p115_02
- ▶ 上皿てんびん p115_03
- ▶ 遮光プレート p115_04
- ▶ 人体模型 p115_05
- ▶ 顕微鏡 p115_06
- ▶ 手回し発電機 p115_07
- ▶ アルコールランプ p115_08
- ▶ てこの実験器 p115_09

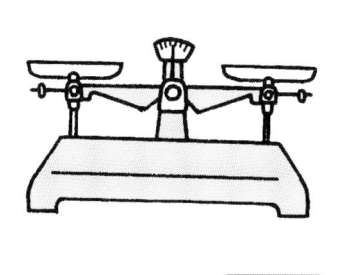

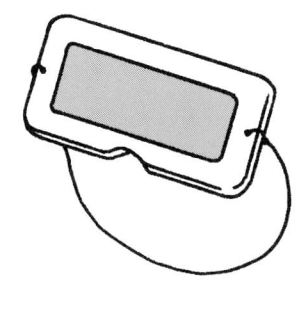

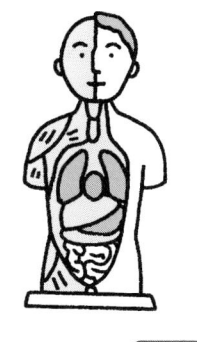

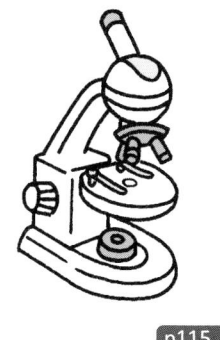

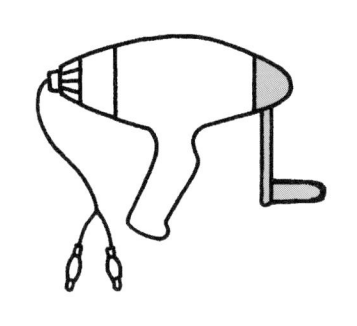

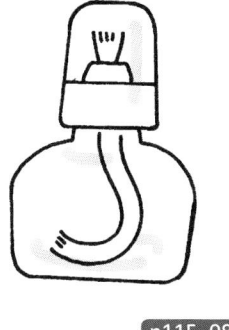

4 学校施設、教材・教具

7 楽器・音楽教材

▶ ピアノ①　　　　　▶ ピアノ②　　　　　▶ トランペット①

p116_01　　　　　　p116_02　　　　　　p116_03

▶ トランペット②　　▶ リコーダー①　　　▶ リコーダー②

p116_04　　　　　　p116_05　　　　　　p116_06

▶ 鍵盤ハーモニカ①　▶ 鍵盤ハーモニカ②　▶ 小太鼓

p116_07　　　　　　p116_08　　　　　　p116_09

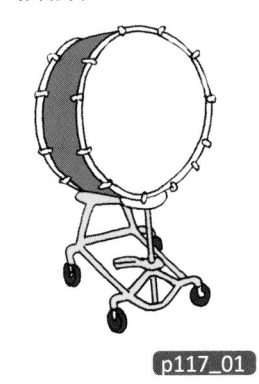

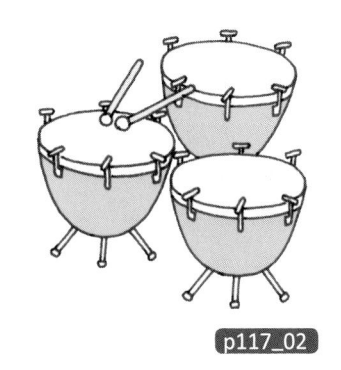

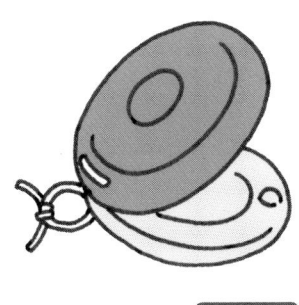

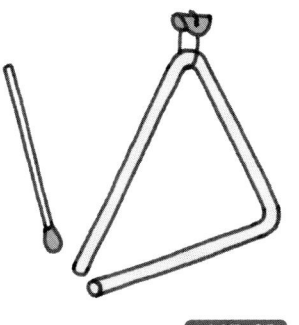

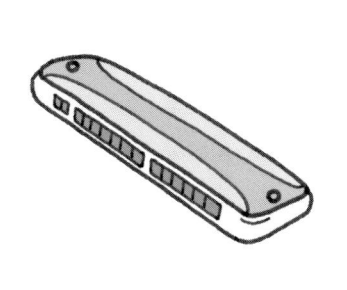

- ▶ 大太鼓
- ▶ ティンパニー①
- ▶ ティンパニー②
- ▶ カスタネット
- ▶ トライアングル
- ▶ ハーモニカ
- ▶ ベートーベン
- ▶ モーツァルト
- ▶ 滝廉太郎

4 学校施設、教材・教具

8 運動施設・体育教材

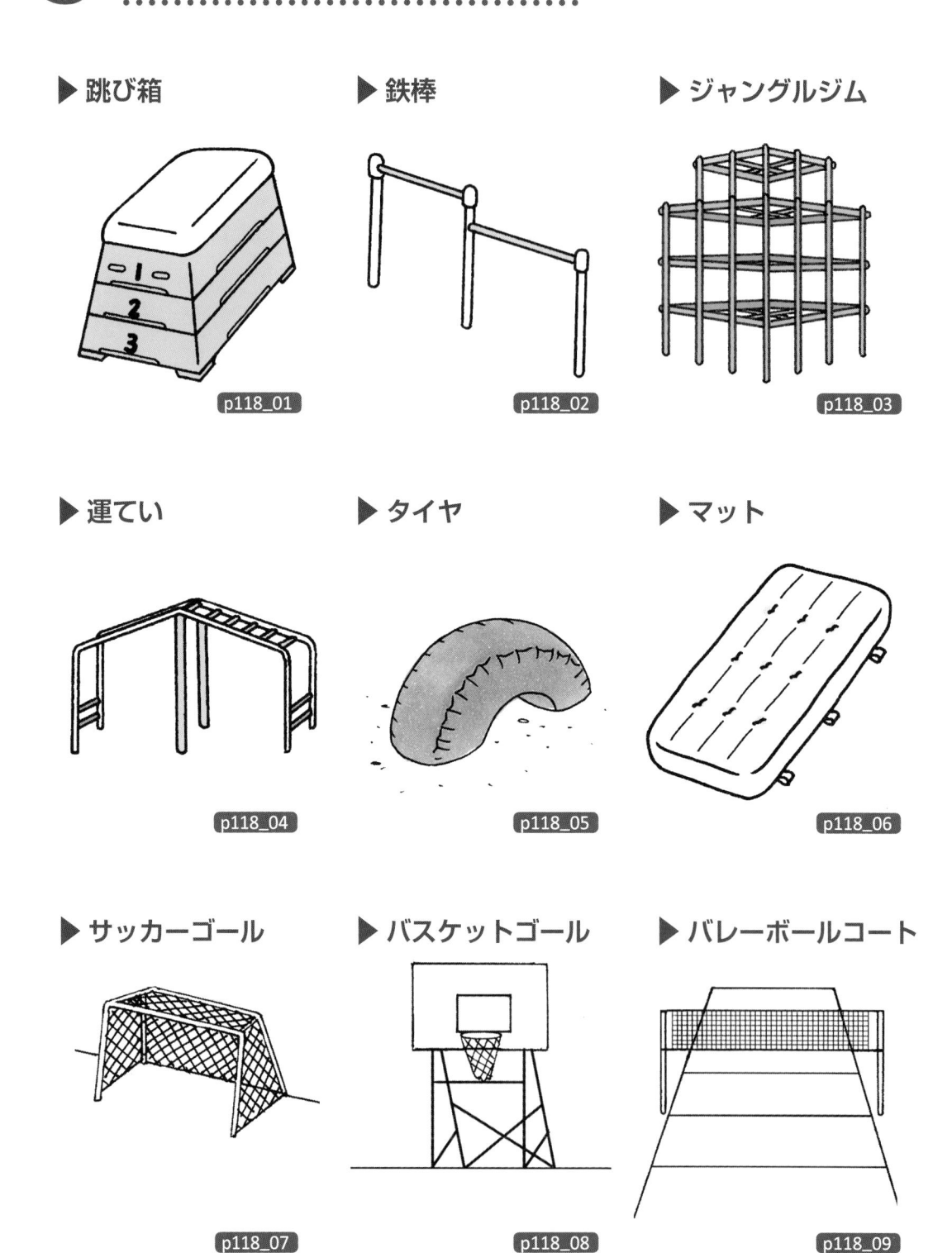

▶ 跳び箱

▶ 鉄棒

▶ ジャングルジム

▶ 運てい

▶ タイヤ

▶ マット

▶ サッカーゴール

▶ バスケットゴール

▶ バレーボールコート

▶ ボール①

p119_01

▶ ボール②

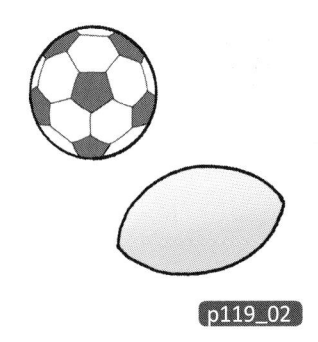

p119_02

▶ バット・ベース

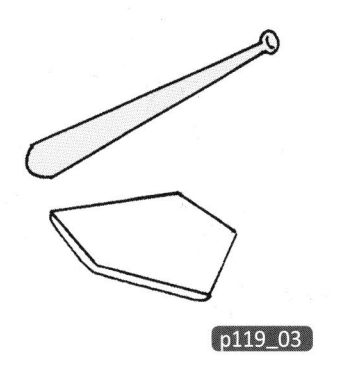

p119_03

▶ ハードル

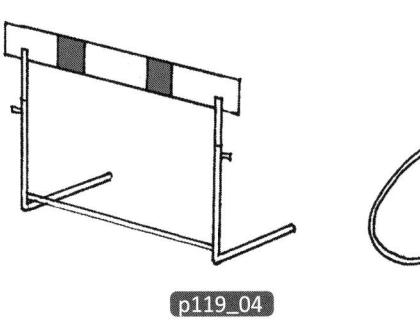

p119_04

▶ 縄跳び

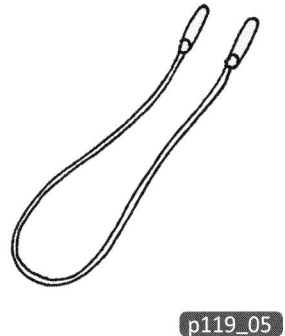

p119_05

▶ コーン

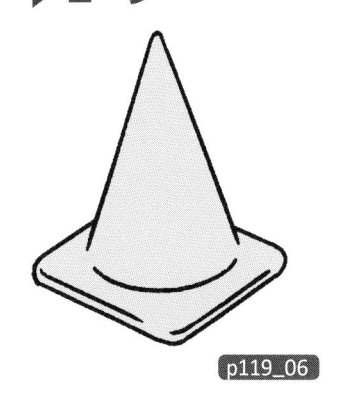

p119_06

▶ 得点板

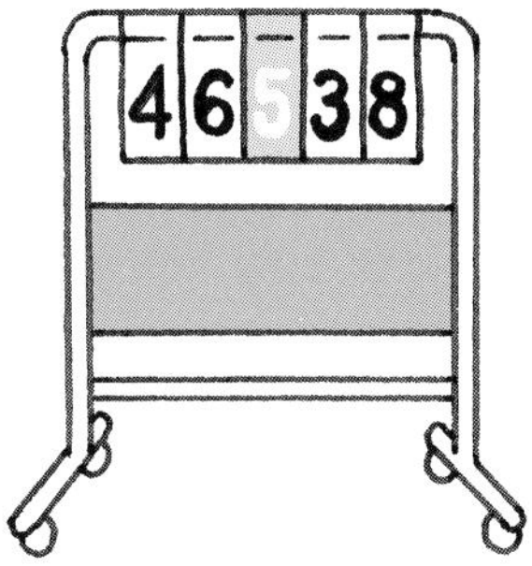

p119_07

▶ ビブス

p119_08

▶ ストップウォッチ

p119_09

Staff

執筆
　　教師生活向上プロジェクト

本文・カバーデザイン
　　小林亜希子

イラスト
　　小林亜希子
　　オセロ
　　イオック

CD-ROM 制作
　　株式会社フリークス

かわいい！使える！小学校 イラスト&テンプレートCD-ROM

2012年3月15日　初版第1刷発行
2017年6月13日　初版第12刷発行

［編　　者］　教師生活向上プロジェクト
［発 行 者］　錦織　圭之介
［発 行 所］　株式会社　東洋館出版社
　　　　　　〒113-0021
　　　　　　東京都文京区本駒込5丁目16番7号
　　　　　　営業部　TEL：03-3823-9206
　　　　　　　　　　FAX：03-3823-9208
　　　　　　編集部　TEL：03-3823-9207
　　　　　　　　　　FAX：03-3823-9209
　　　　　　振　替　00180-7-96823
　　　　　　URL　http://www.toyokan.co.jp

［印刷・製本］　藤原印刷株式会社

©Kyoushiseikatsu koujyou project,2012
ISBN978-4-491-02779-1　　Printed in Japan

※本書は著作権上の保護を受けています。本書の一部あるいは全部について、株式会社東洋館出版社及び著作権者の許諾を得ずに無断で複写・複製することは禁じられています。ただし、購入者が本書のイラスト等をプリントなどに使用する場合は、この限りではありません。
※本書に付属のCD-ROMは、図書館及びそれに準ずる施設において館外に貸出することはできません。